Kauderwelsch
Band 145

AF287050

Impressum

Holger Knauf
Weißrussisch (Belarus) — Wort für Wort
erschienen im
REISE KNOW-HOW Verlag Peter Rump GmbH
Osnabrücker Str. 79, D-33649 Bielefeld
info@reise-know-how.de

Bearbeitung & Layout	Claudia Schmidt
Layout-Konzept	Günter Pawlak, FaktorZwo! Bielefeld
Umschlag	Peter Rump (Titelfoto: Holger Knauf. Abgebildet ist der Bass-Domra-Spieler aus der Gruppe um Alexej Chatskewitsch.)
Karthographie	Iain Macneish
Fotos	Holger Knauf, außer S. 176: Andreas Fieguth
Druck und Bindung	Fuldaer Verlagsagentur, Fulda

ISBN 3-89416-552-9
Printed in Germany

Dieses Buch ist erhältlich in jeder Buchhandlung der BRD,
Österreichs, der Schweiz und der Benelux. Bitte informieren
Sie Ihren Buchhändler über folgende Bezugsadressen:

BRD Prolit GmbH, Postfach 9, 35461 Fernwald (Annerod)
sowie alle Barsortimente

Schweiz AVA-buch 2000, Postfach 27, CH-8910 Affoltern

Österreich Mohr Morawa Buchvertrieb GmbH
Sulzengasse 2, A-1230 Wien

Benelux Assimil Benelux, 5-7 Rue des Pierres, B-1000 Bruxelles

direkt Wer im Buchhandel kein Glück hat, bekommt unsere Bücher
zuzüglich Porto- und Verpackungskosten auch direkt beim
Rump Direktversand, Heidekampstraße 18, D-49809 Lingen
oder über unseren Internet-Shop: www.reise-know-how.de
Zu diesem Buch ist ein **Tonträger** erhältlich, ebenfalls in
jeder Buchhandlung der BRD, Österreichs, der Schweiz und
der Benelux.
Der Verlag möchte die **Reihen Kauderwelsch
& ReiseWortSchatz** weiter ausbauen und **sucht Autoren**!
Mehr Informationen finden Sie auf unserer Internetseite
**www.reise-know-how.de/buecher/special/
schreiblust-inhalt.html**

Kauderwelsch

Holger Knauf

Weißrussisch (Belarus)

Wort für Wort

REISE KNOW-HOW
im Internet
www.reise-know-how.de
info@reise-know-how.de

*Aktuelle Reisetipps
und Neuigkeiten,
Ergänzungen nach
Redaktionsschluss,
Büchershop und
Sonderangebote
rund ums Reisen*

Die
REISE KNOW-HOW Verlag
Peter Rump GmbH
ist Mitglied der
Verlagsgruppe REISE KNOW-HOW

Kauderwelsch-Sprechführer sind anders!

Warum? Weil sie Sie in die Lage versetzen, wirklich zu sprechen und die Leute zu verstehen.

Wie wird das gemacht? Abgesehen von dem, was jedes Sprachbuch bietet, nämlich Vokabeln, Beispielsätze etc., zeichnen sich die Bände der Kauderwelsch-Reihe durch folgende Besonderheiten aus:

Die **Grammatik** wird in einfacher Sprache so weit erklärt, dass es möglich wird, ohne viel Paukerei mit dem Sprechen zu beginnen, wenn auch nicht gerade druckreif.

Alle Beispielsätze werden doppelt ins Deutsche übertragen: zum einen **Wort-für-Wort**, zum anderen in „ordentliches" Hochdeutsch. So wird das fremde Sprachsystem sehr gut durchschaubar. Denn in einer fremden Sprache unterscheiden sich z.B. Satzbau und Ausdrucksweise recht stark vom Deutschen. Ohne diese Übersetzungsart ist es so gut wie unmöglich, schnell einzelne Wörter in einem Satz auszutauschen.

Die **Autorinnen** und **Autoren** der Reihe sind Globetrotter, die die Sprache im Land selbst gelernt haben. Sie wissen daher genau, wie und was die Leute auf der Straße sprechen. Deren Ausdrucksweise ist nämlich häufig viel einfacher und direkter als z.B. die Sprache der Literatur oder des Fernsehens.

Besonders wichtig sind im Reiseland **Körpersprache, Gesten, Zeichen** und **Verhaltensregeln**, ohne die auch Sprachkundige kaum mit Menschen in guten Kontakt kommen. In allen Bänden der Kauderwelsch-Reihe wird darum besonders auf diese Art der nonverbalen Kommunikation eingegangen.

Kauderwelsch-Sprechführer sind keine Lehrbücher, aber viel mehr als Sprachführer! Wenn Sie ein wenig Zeit investieren und einige Vokabeln lernen, werden Sie mit ihrer Hilfe in kürzester Zeit schon Informationen bekommen und Erfahrungen machen, die „taubstummen" Reisenden verborgen bleiben.

Inhalt

Inhalt

Buchklappe vorne · *Die wichtigsten Floskeln & Redewendungen*
Aussprache, Kyrillisches Alphabet & Lautbuchstabe
Nichts verstanden? — Weiterlernen!

Buchklappe hinten · *Zahlen, Abkürzungen*
Die wichtigsten Fragen & Sätze
Die wichtigsten Fragewörter, Richtungsangaben
& Zeitangaben

Vorwort

Dieser Sprachführer soll allen eine Hilfe sein, die Weißrussland (Belarus) und seinen BewohnerInnen auch ohne DolmetscherIn näher kommen wollen.

Er will einen Beitrag zur Versöhnung leisten — mit den Menschen eines Landes, das während des Zweiten Weltkrieges ein Viertel seiner Bevölkerung verloren hat. Nur indem wir miteinander reden und lernen, uns zu respektieren, können wir verhindern, dass sich neue Gräben auftun.

In Folge der Katastrophe im ukrainischen Kernkraftwerk Tschernobyl ist etwa ein Viertel des Territoriums von Belarus, der Südosten, verstrahlt. Viele Menschen mussten umgesiedelt werden, allerdings sind auch viele in den verstrahlten Gebieten geblieben. Aus der Tschernobyl-Solidarität sind sehr viele Partnerschaften entstanden. Dieses Buch soll dazu beitragen, diese Kontakte zu vertiefen und auszubauen.

Wer Weißrussisch lernt, erlernt eine Sprache, für die sich bisher nicht viele Menschen aus dem Westen interessiert haben. Mit der Sprache erschließt man sich eine reiche, aber weniger bekannte Kultur und die Herzen von weltoffenen und überaus gastfreundlichen Menschen.

Holger Knauf

Hinweise zur Benutzung

Der Kauderwelsch-Band „Weißrussisch" enthält folgende wichtige Abschnitte:

Grammatik

Im Anhang findet man eine Liste mit weiterführender Literatur.

Die Grammatik beschränkt sich auf das Wesentliche und ist so einfach gehalten wie möglich. Deshalb sind auch nicht sämtliche Ausnahmen und Unregelmäßigkeiten der Sprache erklärt.

Konversation

Im Konversationsteil finden Sie Sätze aus alltäglichen Gesprächssituationen, die Ihnen einen ersten Eindruck davon vermitteln sollen, wie die weißrussische Sprache „funktioniert" und die Sie auf das vorbereiten sollen, was Sie später möglicherweise in Belarus hören werden.

Wort-für-Wort-Übersetzung

Jedem weißrussischen Wort entspricht ein Wort in der Wort-für-Wort-Übersetzung.

Jede Sprache hat ein typisches Satzbaumuster. Um die sich vom Deutschen unterscheidende Wortfolge weißrussischer Sätze zu verstehen, ist die Wort-für-Wort-Übersetzung in kursiver Schrift gedacht. Wird ein weißrussisches Wort durch zwei Wörter übersetzt, werden diese zwei Wörter in der Wort-für-Wort-Übersetzung mit einem Bindestrich verbunden. Werden in einem Satz mehrere Wörter angegeben, die man untereinander austauschen kann, wird das durch einen Schrägstrich kenntlich gemacht.

Seitenzahlen

Auf jeder Seite wird die Seitenzahl auch auf Weißrussisch angegeben!

Ja njemka/aúßtryjka.
ich Deutsche/Österreicherin
Ich bin Deutsche/Österreicherin.

Unterscheidet sich die männliche und weibliche Form eines Wortes, sieht das im weißrussischen Satz und in der Wort-für-Wort-Übersetzung wie folgt aus:

Ja nje srasumjeǔ/srasumjela.
ich nicht verstand(m)/verstand(w)
Ich habe nicht verstanden.

Hier muss eine Frau („ich") die weibliche Form wählen, ein Mann die männliche.

Gebeugte Wörter sind mit der „Nummer" des jeweiligen Falls gekennzeichnet. Auch das grammatische Geschlecht und die Mehrzahl werden angegeben.

U waß joßz* plan horada?
bei euch(2) ist Plan Stadt(m2)
Haben Sie einen Stadtplan?

Steht keine Nummer hinter dem Wort, dann steht es im 1. Fall, ist also ungebeugt.

Mit Hilfe der Wort-für-Wort-Übersetzung können Sie bald eigene Sätze bilden, indem Sie einzelne Wörter nach Bedarf austauschen.

Wörterlisten

Die Wörterlisten am Ende des Buches enthalten einen Grundwortschatz von je etwa 1000 Wörtern Weißrussisch-Deutsch und Deutsch-Weißrussisch, mit denen man schon eine ganze Menge anfangen kann.

Die Umschlagklappe hilft, die wichtigsten Sätze und Formulierungen stets parat zu haben. Aufgeklappt ist der Umschlag eine wesentliche Erleichterung, da nun die gewünschte Satzkonstruktion mit dem entsprechenden Vokabular aus den einzelnen Kapiteln kombiniert werden kann.

Umschlagklappe

Land, Leute & Sprache(n)

Für Weißrussland gibt es auf Deutsch unter anderem noch die Bezeichnungen „Belorussland" und „Belarus". In diesem Sprachführer wird im Weiteren der Name „Belarus" verwendet, weil dieser am ehesten der belarussischen Bezeichnung des Landes entspricht (Bjelaruß*, Беларусь).

Im Osten grenzt Belarus an Russland, im Süden an die Ukraine, im Westen an Polen und im Nordwesten an Litauen und Lettland. Das Territorium ist ungefähr so groß wie die BRD ohne die Bundesländer Bayern und Baden-Württemberg.

Belarussisch hat als ostslawische Sprache die gleichen Wurzeln wie das Russische und Ukrainische. Eine eigenständige Entwicklung begann im 13. Jahrhundert, als große Teile des heutigen Belarus zum Großfürstentum Litauen kamen. In diesem Staat war Belarussisch zeitweise Kanzleisprache. Etwa in dieser Zeit tauchte auch die Bezeichnung Bjelaja Ruß*, „Weiße Rus", auf. Woher diese Bezeichnung stammt, ist nicht genau geklärt. Die Vereinigung Litauens mit Polen im 16. Jahrhundert führte dazu, dass Belarussisch mehr und mehr unterdrückt wurde und fast nur als Sprache des einfachen Volkes erhalten blieb. Diese Situation änderte sich kaum, als am Ende des 18. Jahrhunderts Polen dreigeteilt und die Belarussisch sprechenden Menschen

Eine Legende berichtet, dass das Land seinen Namen vom weißen Flachs, der hier angebaut wurde, erhalten hat. Eine andere Legende wiederum gibt der Farbe Weiß die Bedeutung „frei", da dieses Gebiet, anders als weite Teile Russlands, im Mittelalter nie von den Tataren besetzt war.

OSTSEE

Riga LETTLAND   RUSSLAND
○   ○ Welikije Luki

LITAUEN   Polozk ○
                          Witebsk ○   Smolensk
Kaliningrad   Vilnius ○   ○
    ○   Borisow ○ Orscha
                              ○
200 km   ○ Grodno   Minsk ○   Mogilew ○

WEISSRUSSLAND

Białystok   Baranowitschi   Bobruisk
   ○   ○   ○
Warschau   Gomel ○
   ○   ○ Brest   ○ Pinsk
POLEN   ○ Tschernigow

| | Weißrussisch wird teilweise gesprochen |

UKRAINE
                          ○ Kiew

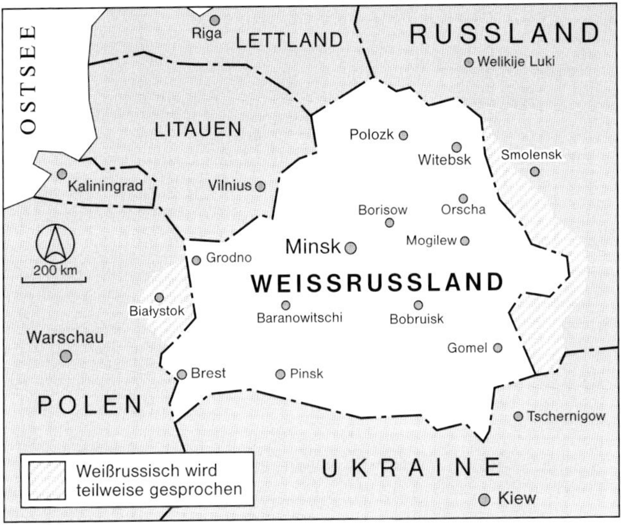

Baranowitschi	Баранавічы	**Bar**anawitschy
Białystok	Беласток	**Bjelaßt**ok
Bobruisk	Бабруйск	**Babruj**ßk
Borisow	Барысаў	**Bary**ßaŭ
Brest	Брэст	**Breßt**
Gomel	Гомель	**Homjel***
Grodno	Гродна	**Hrodna**
Minsk	Мінск	**Minßk**
Mogilew	Магілёў	**Mahiljoŭ**
Orscha	Орша	**Orscha**
Pinsk	Пінск	**Pinßk**
Polozk	Полацк	**Polazk**
Witebsk	Віцебск	**Wizjebßk**

Die sowjetische Sprachpolitik war seit den Dreißiger Jahren darauf ausgerichtet, die russische Sprache immer weiter zu verbreiten und die Eigenständigkeit der Unionsrepubliken einzuschränken. Infolgedessen begann das Belarussische an Prestige zu verlieren.

Untertanen des Russischen Reiches wurden. Trotzdem konnte sich seit Anfang des 19. Jahrhunderts eine Literatur in belarussischer Sprache entwickeln, welche die Grundlage des modernen Belarussisch bildete. In der seit 1919 bestehenden Belarussischen Sozialistischen Sowjetrepublik (BSSR) war Belarussisch neben Russisch Amtssprache und Unterrichtssprache an den Schulen.

Nach der Unabhängigkeitserklärung vom Juli 1991 erlebte das Belarussische zunächst einen Aufschwung, in vielen russischsprachigen Schulen wurde Belarussisch Unterrichtssprache. Seit Mitte der Neunziger Jahre ist dieser Trend wieder rückläufig, von staatlicher Seite wird die Entwicklung der Sprache kaum noch gefördert. In der Bevölkerungszählung von 1999 gaben 3,6 der knapp 10 Millionen in Belarus lebenden Menschen Belarussisch als Umgangssprache an. Ein großer Teil dieser Menschen lebt auf dem Lande, aber auch in den Städten trifft man auf bewusst Belarussisch sprechende Menschen. Viele sprechen ein Russisch, das stark vom Belarussischen beeinflusst ist. Diese Mischsprache wird auch abwertend Traßjanka genannt.

Mit Belarussischkenntnissen ist eine Grundverständigung auch in Polen, der Ukraine und Russland möglich.

Etwa 300.000 BelarussInnen leben im Nordosten von Polen, in der Gegend um Białystok (bel. Bjelaßtok, Беласток).

Vom Russischen unterscheidet sich Belarussisch hauptsächlich durch den Wortschatz und eine andere Aussprache. Die Grammatik ist der russischen sehr ähnlich.

Lautschrift & Aussprache

Belarussisch wurde bis zur Revolution 1917 sowohl mit lateinischen als auch mit kyrillischen Buchstaben geschrieben, danach fast ausschließlich mit kyrillischen.

Im 20. Jahrhundert gab es mehrere Reformen der belarussischen Rechtschreibung und der Grammatik. Einige Menschen erkennen die Sprachreformen nicht an, und so kann es vorkommen, dass man in ein und derselben Zeitung drei verschiedene Schreibweisen findet. (Seit neuestem kennen wir das ja auch von deutschen Zeitungen.) Die in diesem Buch mit kyrillischen Buchstaben geschriebenen Wörter stehen in der offiziellen Schreibweise, da diese auch am häufigsten anzutreffen ist. Um das Lernen zu erleichtern, wird eine einfach ablesbare Lautschrift in lateinischen Buchstaben verwendet.

Teilweise betreffen diese Reformen auch den Wortschatz, so gibt es z. B. ein offizielles Wort für „Deutschland", nämlich Hjerm<u>a</u>nija, *und ein inoffizielles:* Njamj<u>e</u>tschyna.

A a	„a" wie in „**A**rm"
a	**alj<u>e</u>** (aber)
Б б	„b" wie in „**B**aum"
b	**bab<u>u</u>lja** (Oma)
В в	„w" wie in „**W**asser"
w	**wad<u>a</u>** (Wasser)
Г г	„h" ist immer, auch am Silbenende
h	hörbar, etwas rauer als das dt. „h"
	haw<u>a</u>ryz* (sprechen)
Д д	„d" wie in „**D**orf"
d	**dom** (Haus)

In der linken Spalte sind die in der Lautschrift verwendeten lateinischen Buchstaben den kyrillischen gegenübergestellt.

E e	„je" wie in „**je**mand"
je	**je**sha (das Essen)
Ë ë	„jo" wie in „**Jo**nas"
jo	**jo**ßz* (es gibt, ist)
Ж ж	stimmhaftes „sch" wie „j" in „**J**ournal"
sh	oder zweites „g" in „Gara**g**e"
	shniwjen* (August)
З з	stimmhaftes „s" wie in „**S**eide"
s	**sa**ùtra (morgen)
I i	„i" wie in „**i**st"
i	**i**ßz**i** (gehen)
К к	„k" wie in „**K**arte"
k	**k**arta (Landkarte)
Л л	vor **je, jo, i, ju, ja** und * weich, etwa
l	wie „l" in „**L**icht"; sonst immer hart
	wie engl. „hill" oder wie das „l" im
	Dialekt des Rheinlandes
	taljerka (Teller)
	lyshka (Löffel)
М м	„m" wie in „**M**utter"
m	**ma**zi (Mutter)
Н н	„n" wie in „**N**ase"
n	**no**ß (Nase)
О о	offenes „o" wie in „D**o**nner"
o	**do**bra (gut)
П п	„p" wie in „**P**apa"
p	**pi**wa (Bier)
Р р	Zungenspitzen-r wie im Spanischen
r	**ra**k**a** (Fluss)
С с	stimmloses „s" wie „ß" in „Fü**ß**e"
ß	**ß**ok (Saft)
Т т	„t" wie in „**T**asche"
t	**ty**dsjen* (Woche)

Achtung: Die Buchstabenverbindung ds wird wie ein Laut gesprochen!

Die Mitlaute, besonders p, t und k, werden – anders als im Deutschen – ohne Behauchung, ohne kurzen h-Laut danach ausgesprochen. So kann für deutsche Ohren ein belarussisches t schnell wie ein d klingen und ein p wie ein b.

У у	„u" wie in „St**u**hl"
u	**ush<u>o</u>** (schon)
Ў ў	steht nur nach Selbstlauten, kürzer
ŭ	als normales „u", etwa wie in „Ra**u**m"
	slo<u>ŭ</u>nik (Wörterbuch)
Ф ф	„f" wie in „**f**alsch"
f	**fal*sch<u>y</u>wy** (gefälscht, falsch)
Х х	raues „ch" wie in „Ba**ch**"; vor „je"
ch	und „i" weiches „ch" wie in „i**ch**"
	uwach<u>o</u>d (Eingang)
	schljach<u>i</u> (Mz) (Wege)
Ц ц	„z" wie in „**Z**immer"
z	**zik<u>a</u>wa** (interessant)
Ч ч	„tsch" wie in „Ma**tsch**"
tsch	**no<u>tsch</u>** (Nacht)
Ш ш	„sch" wie in „**sch**arf"
sch	**sch<u>to</u>** (was)
ы	zw. „i" und „e" etwa wie „i" in „T**i**sch"
y	**t<u>y</u>** (du)
ь	„Weichheitszeichen" bewirkt die
*	„weichere" Aussprache des voran-
	stehenden Lautes, so als folgte ihm
	ein kurzes „j", z. B. wie in „An**tj**e".
	sh<u>y</u>z* (leben, wohnen)
Э э	offenes „e" wie in „**E**nkel"
e	**h<u>e</u>ta** (das ist)
Ю ю	„ju" wie in „**ju**ng"
ju	**j<u>u</u>ny** (jung)
Я я	„ja" wie in „**Ja**mmer"
ja	**j<u>a</u>k** (wie)
'	Ein Mitlaut vor einem Apostroph
'	wird immer hart ausgesprochen.
	ad'jashdsh<u>a</u>z* (abfahren)

Die Buchstaben-verbindung eü wird nicht wie „oj", sondern wie „e-u." gesprochen. Sollen andere Buchstaben-verbindungen getrennt gesprochen werden, werden sie in der Lautschrift mit einem Bindestrich dargestellt: tramwa-i *(die Straßenbahnen).*

Die vor dem Weich-heitszeichen stehenden Laute werden weicher ausgesprochen, etwa so, als folgte ihnen ein kurzes „j", z. B. wie in „Antje". Das Gleiche passiert vor je, jo, i, ju *und* ja. *Die Unter-scheidung hart/weich hat nichts mit der Unterscheidung stimmhaft/stimmlos (z. B. „b/p, d/t") zu tun.*

Wichtige Wörter, die man lesen können sollte, sowie Sätze, auf die man vielleicht auch nur daraufzeigen möchte, sind im Buch und in der Umschlagklappe in weißrussisch-kyrillischer Schrift ergänzt.

Doppelt geschriebene Mitlaute werden etwas länger als normal ausgesprochen. Anders als im Deutschen werden die Selbstlaute davor nicht kürzer. Betonte Selbstlaute werden etwas länger, unbetonte kürzer ausgesprochen.

Achtung: Im Belarussischen gibt es keine Nasale (z. B. ng, nk). Diese Lautverbindungen werden dann immer getrennt nacheinander gesprochen, z. B.:

bank *(„ban-k")* Bank

Betonung, Lautregeln

Die Betonung ist sehr wichtig, manchmal ändert sich der Sinn, wenn man ein Wort falsch betont. Da sich die Betonung ändern kann, wenn man ein Wort beugt, sind in der Lautschrift die betonten Selbstlaute immer unterstrichen:

ba̲z*ki des Vaters
baz*ki̲ die Eltern

Wenn sich die Betonung ändert, ändern sich nach den belarussischen Lautregeln auch sehr oft die Selbstlaute in einem Wort. Diese Veränderungen sind in den Wörterlisten mit angegeben. Dabei ist wichtig zu wissen, dass jo und o – außer in sehr wenigen Fremdwörtern und zusammengesetzten Wörtern – immer betont sind. Wenn sich die Betonung ändert, werden sie zu ja oder entsprechend zu a.

Wörter, die weiterhelfen

Ohne Grammatikkenntnisse können Sie bereits folgende Wörter und Sätze verwenden.

tak – nje	ja – nein
dsjakuj	danke
kali laßka	bitte
Dobry dsjen*!	Guten Tag!
Da pabatschennja!	Auf Wiedersehen!

Prabatschje, kali laßka!
entschuldigt!, wenn Güte(w)
Entschuldigen Sie bitte!

Zi joßz* (tut) ...?	Gibt es (hier) ...?	**Gibt es ...?**
ob ist (hier)		
Tak, u naß joßz*.	Ja, gibt es.	
ja, bei uns(2) ist		
Nje, u naß njama.	Nein, gibt es nicht.	
nein, bei uns(2) nicht		
U waß joßz* ...	Haben Sie ...?	**Haben Sie ...?**
bei euch ist		
Tak, u naß joßz*.	Ja, haben wir.	
ja, bei uns(2) ist		
Nje, njama.	Nein, haben wir nicht.	
nein, nicht		**Wo ist / gibt es ...?**
Dsje tut joßz* ...?	Wo gibt es hier ...?	
wo hier ist		

In die Lückensätze können die folgenden Wörter unverändert eingesetzt werden:

taxi (s)	Taxi
hatel* (m)	Hotel
waksal (m)	Bahnhof
autobuß (m)	Bus
paßol*ßtwa (s)	Botschaft
milizyja (w)	Polizei
doktar (m)	Arzt
bank (m)	Bank
pjerakladtschyk (m)	Dolmetscher
poschta (w)	Post
teljefon (m)	ein Telefon
tualjet (m)	Toilette

Wie viel kostet ...?　**Kol*ki (heta) kaschtuje?**

wieviel (dieses) kostet?
Wie viel kostet (das)?

In diese Frage können die folgenden Wörter
unverändert eingesetzt werden:

wol*ny numar	ein freies Zimmer
freies(m4) Hotelzimmer(m4)	
biljety (mMz4)	Fahrkarten
paschtowyja marki	Briefmarken
(wMz4)	
plan horada	einen Stadtplan
Plan(m4) Stadt(m2)	
piwa (s4)	Bier
chljeb (m4)	Brot

Hauptwörter

Belarussische Hauptwörter (Substantive) können wie im Deutschen gebeugt werden.

Artikel & grammatisches Geschlecht

Im Belarussischen gibt es keine bestimmten oder unbestimmten Artikel (der, die, das, ein, eine). Ob z. B. zjahnik mit „Zug", „der Zug" oder „ein Zug" übersetzt werden muss, lässt sich aus dem Zusammenhang erkennen.

Genauso wie im Deutschen gibt es drei grammatische Geschlechter (männlich, weiblich, sächlich), die man in vielen Fällen an den Endungen in der Einzahl erkennen kann.

Zusätzlich gibt es noch eine Einteilung der Hauptwörter in solche mit „harter" und „weicher" Endung. Das ist wichtig, wenn diese Wörter gebeugt (dekliniert) werden.

hart	auf Mitlaut	**waksal** (Bahnhof)	**männlich**
	selten auf **-a**	**baz*ka** (Vater)	
weich	auf **-j**	**tramwaj** (Straßenb.)	
	auf *	**hatel*** (Hotel)	
	selten auf **-ja**	**dsjadulja** (Opa)	
hart	auf **-a**	**shantschyna** (Frau)	**weiblich**
	auf Zischlaut	**notsch** (Nacht)	
weich	auf **-ja**	**ßjam'ja** (Familie)	
	auf *	**ßol*** (Salz)	
	selten auf **-ù**	**ljuboù** (Liebe)	
hart	auf **-a**	**piwa** (Bier)	**sächlich**
	selten auf **-o**	**akno** (Fenster)	
weich	auf **-je**	**prywitannje** (Gruß)	
	auf **-jo**	**shyzzjo** (Leben)	
	selten auf **-ja**	**dsizja** (Kind)	

Wenn man z. B. das Wort „pivo" (Bier) schon aus dem Tschechischen oder Russischen kennt, dann weiß man, dass auch piwa im Belarussischen sächlich sein muss.

Viele sächliche Hauptwörter sind nur schwer von den weiblichen zu unterscheiden, da ja beide die Endung -a haben. Hier hilft es, wenn man Grundkenntnisse in anderen slawischen Sprachen hat, in denen sächliche Hauptwörter ja meist die Endung -o haben.

Mehrzahl

Die Mehrzahl (Plural) wird bei allen drei Geschlechtern gleich gebildet. An Hauptwörter, die hart enden, wird die Endung -y angehängt bzw. der letzte Selbstlaut durch -y ersetzt.

reßtaran (m)	reßtarany	Restaurants
shantschyna (w)	shantschyny	Frauen
mjeßza (s)	mjeßzy	Orte, Plätze

Hauptwörter, die weich oder auf -k, -h oder -ch enden, ersetzen diese Endung durch -i.

Unregelmäßige Mehrzahlformen werden immer angegeben!

baz*ka (m)	baz*ki	Väter
pakoj (m)	pako-i	Zimmer
hatel* (m)	hateli	Hotels
ßjam'ja (w)	ßjem'i	Familien

Viele Hauptwörter werden in Ein- und Mehrzahl unterschiedlich betont. Sehr häufig ändern sich dabei auch die Selbstlaute.

horad (m)	harady	Städte
dom (m)	damy	Häuser

Einige Hauptwörter gibt es nur in der Ein- oder Mehrzahl, z. B. hroschy (Mz) (Geld).

Dieses & Jenes

Die hinweisenden Fürwörter (Demonstrativpronomen) h**e**ty (dieser), toj (jener) und tak**i** (solch einer) stehen meistens vor dem Hauptwort, auf das sie sich beziehen, und richten sich nach diesem in Zahl, Geschlecht und Fall.

	diese(r, -s)	jene(r, -s)	solch ein(e, -r)
m	h**e**ty	toj	tak**i**
w	h**e**ta	t**a**ja	tak**a**ja
s	h**e**ta	t**o**je	tak**o**je
Mz	h**e**tyja	t**y**ja	tak**i**ja

he**ty a**ù**t**o**buß**
dieser Bus

ta**ja eljektr**y**tschka**
jener Regionalzug

to**je kin**o****
jenes Kino

taki**ja mj**e**ßzy**
solche Plätze

Oft drücken die hinweisenden Fürwörter das aus, was im Deutschen die Artikel leisten.

Mit h**e**ta kann man jetzt schon einfache Sätze ohne ein Verb bilden. Es hat auch noch die Bedeutung von „das ist":

He**ta moj ß**ja**bar.**
dieses mein Freund
Das ist mein Freund.

He**ta maj**a** ß**jabr**o**ùka.**
dieses meine Freundin
Das ist meine Freundin.

Eigenschafts- & Umstandswörter

Die Eigenschaftswörter (Adjektive) stehen in aller Regel vor den Hauptwörtern, auf die sie sich beziehen und richten sich nach diesem in Zahl, Geschlecht und Fall.

Ähnlich wie bei den Hauptwörtern gibt es Eigenschaftswörter mit harten und weichen Endungen. Die weichen Endungen unterscheiden sich nur wenig von den harten und sind relativ selten.

Weiche Eigenschaftswörter erkennt man daran, dass die Grundform (m Ez) statt der Endung -y die Endung -i hat. Eine Ausnahme bilden Eigenschaftswörter mit der Endung -ki, die bis auf die Grundform harte Endungen haben.

	hart	weich
m	-y	-i
w	-aja	-jaja
s	-aje, -oje	-jaje
Mz	-yja	-ija

dobry tschalawjek
(ein) guter Mensch

dobraja dsjaútschyna
(ein) gutes Mädchen

dobraje dsizja
(ein) gutes Kind

dobryja ljudsi
gute Menschen

Umstandswörter

Viele Umstandswörter (Adverbien) kann man ganz einfach von den Eigenschaftswörtern ableiten. Dabei wird die Endung des jeweiligen Eigenschaftswortes (-i, -y, -aja, -aje ...) durch -a ersetzt:

d<u>o</u>bry muschtsch<u>y</u>na	**(H<u>e</u>ta) d<u>o</u>bra!**	*Der Ausruf* dobra!
guter(m) Mann(m)	*(dieses) gut*	*wird häufig gebraucht,*
ein guter Mann	(Das ist) gut!	*um auszudrücken,*

Umstandswörter der Art und Weise bekom- *dass man mit etwas*
men die Vorsilbe pa- und die Endung -u: *einverstanden ist, oder*
auch als (zustimmen-
des) Füllwort bei

pa-njamj<u>e</u>zku	auf Deutsch	*einem Gespräch.*
pa-anhlijsku	auf Englisch	
pa-bjelar<u>u</u>ßku	auf Belarussisch	

Das Gegenteil von vielen Eigenschafts- und *In manchen Fällen*
Umstandswörtern kann man bilden, indem *wird aus der Silbe* nje-
man einfach die Silbe nje- (nicht) voranstellt. *ein* nja-. *Man*
wird aber immer

dalj<u>o</u>ka	weit	**njedalj<u>o</u>ka**	nicht weit	*verstanden, auch*
pr<u>a</u>wil*na	richtig	**njapr<u>a</u>wil*na**	falsch	*wenn man diese Silbe*
d<u>o</u>bra	gut	**njad<u>o</u>bra**	nicht gut	*als* nje- *ausspricht.*

steigern

Für die 1. Steigerungsstufe steht bol*sch
(mehr) oder mjensch (weniger) vor dem Eigen-
schaftswort. Für die 2. Steigerungsstufe wird
s<u>a</u>my (am meisten) oder najmj<u>e</u>nsch (am wenig-
sten) vorangestellt:

ß<u>alo</u>dki ß<u>o</u>k	süßer Saft
süßer(m) Saft(m)	
b<u>o</u>l*sch ß<u>alo</u>dki ß<u>o</u>k	süßerer Saft
mehr süßer(m) Saft(m)	
ß<u>a</u>my ß<u>alo</u>dki ß<u>o</u>k	der süßeste Saft
am-meisten(m) süßer(m) Saft(m)	

Ich, du, er & sie

Im Belarussischen ist die höfliche Anrede-form die 2. Person Mehrzahl (ihr).

ja	ich	my	wir
ty	du	wy	ihr; Sie
jon – jana	er – sie	jany	sie (Mz)
jano	es		

mein, dein, sein & ihr

Auch die besitzanzeigenden Fürwörter (Possessiv-pronomen) richten sich nach dem Hauptwort, auf das sie sich beziehen oder ersetzen.

Ez:	mein(e)	dein(e)	sein(e)	ihr(e)
m	moj	twoj	jaho	jaje
w	maja	twaja	jaho	jaje
s	majo	twajo	jaho	jaje
Mz	maje	twaje	jaho	jaje

Mz:	unser(e)	eure(e)	ihr(e)
m	nasch	wasch	ichni
w	nascha	wascha	ichnjaja
s	nascha	wascha	ichnjaje
Mz	naschy	waschy	ichnija

moj ßjabar
mein Freund

maja ßjabroúka
meine Freundin

jaho shonka
seine Ehefrau

jaje mush
ihr Ehemann

naschy ßjabry
unsere Freunde

ichnija dsjezi
ihre (Mz) Kinder

Die 6 Fälle

Im Belarussischen müssen, genauso wie im Deutschen, die Hauptwörter und die Wörter, die diese näher bestimmen können, gebeugt werden. Es gibt im Belarussischen sechs Fälle.

1. Nominativ (wer? was?)	„der Zug"
2. Genitiv (wessen?)	„des Zuges"
3. Dativ (wem?)	„dem Zug"
4. Akkusativ (wen?)	„den Zug"
5. Instrumental (mit wem? wie?)	„mit dem Zug"
6. Lokativ (wo?)	„im Zug"

In der Wort-für-Wort-Übersetzung ist hinter dem gebeugten Wort immer die Nummer des Falles und das Geschlecht in Klammern angegeben.

Das Beugungssystem ist insgesamt sehr komplex. Neben der uns vertrauten Einteilung in „männlich", „weiblich" und „sächlich" wird außerdem noch unterschieden, ob das entsprechende Wort eine harte oder weiche Endung hat oder ob es sich um ein „belebtes" Wort (z. B. „Mensch") oder um ein „unbelebtes" handelt (z. B. „Restaurant").

Die Endungen der verschiedenen besitzanzeigenden Fürwörter, Umstandswörter und Eigenschaftswörter stimmen weitgehend überein. Deshalb werden hier nur die Endungen der Haupt- und Eigenschaftswörter angegeben.

männliche Beugung Einzahl

Die Endungen von harten und weichen männlichen (und sächlichen) Haupt- und Eigenschaftswörtern unterscheiden sich nur geringfügig: Vor die harten Endungen wird lediglich ein j geschoben, welches die Endungen weich macht. Aus -a wird also -ja, aus -u wird

-ju, aus -y wird -i usw. Deshalb werden hier nur die harten Endungen genannt. Es muss jedoch zwischen „belebt" und „unbelebt" unterschieden werden.

unbelebte Beugung

Die meisten unbelebten männlichen Hauptwörter enden auf einen Mitlaut.

Die Bindestriche verdeutlichen die Endungen, die an den jeweiligen Wortstamm angehängt werden. In der 1. Spalte steht immer ein Eigenschaftswort, in den weiteren jeweils Hauptwörter. In der Überschrift wird auf die Endung hingewiesen.

		Mitlaut
	wjaliki (großer)	dom (Haus)
1.+4.	wjalik-i	dom
2.	wjalik-aha	dom-u (-a)
3.	wjalik-amu	dom-u
5.	wjalik-im	dom-am
6.	wjalik-im	dom-je

Die meisten unbelebten Hauptwörter haben im 2. Fall die Endung -u. Die Ausnahmen, die auf -a enden, sind im Wörterverzeichnis immer mit angegeben.

belebte Beugung

Für unbelebte und belebte Wörter gilt: Im 6. Fall ist die Endung davon abhängig, auf welchen Mitlaut das Hauptwort endet: bei -h, -k, -ch hat das Wort im 6. Fall die Endung -u, bei allen anderen Mitlauten die Endung -je.

		Mitlaut	**-a**
	dobry	tschalawjek	baz*ka
	(gut)	(Mensch)	(Vater)
1.	dobr-y	tschalawjek	baz*k-a
2.	dobr-aha	tschalawjek-a	baz*k-i
3.	dobr-amu	tschalawjek-u	baz*k-u
4.	dobr-aha	tschalawjek-a	baz*k-u
5.	dobr-ym	tschalawjek-am	baz*k-am
6.	dobr-ym	tschalawjek-u	baz*k-u

u zjahniku
im Zug

u domje
im Haus

weibliche Beugung Einzahl

	-a	-ja	Zischlaut
	d**o**braja	m**a**ma	ßjam'j**a**	n**o**tsch
	(gute)	(Mama)	(Familie)	(Nacht)
1.	d**o**br-aja	m**a**m-a	ßjam'-j**a**	n**o**tsch
2.	d**o**br-aj	m**a**m-y	ßjam'-**i**	n**o**tsch-y
3.+6.	d**o**br-aj	m**a**m-je	ßjam'-**i**	n**o**tsch-y
4.	d**o**br-uju	m**a**m-u	ßjam'-j**u**	n**o**tsch
5.	d**o**br-aj	m**a**m-aj	ßjam'j**oj**	n**o**tsch-u

Bei der weiblichen Beugung gibt es nur in der Mehrzahl Unterschiede zwischen belebt/unbelebt.

Übrigens: n**o**tschu *heißt „nachts"!*

Ausnahmen: Wörter auf -ha, -ka, -cha haben im 3. und 6. Fall besondere Endungen: -ha wird zu -sje, -ka wird zu -zy, -cha wird zu -ßje.

daro**ha**	**na dar**o**sje**
Weg(w)	*auf Weg(w6)*
Weg	auf dem Weg

sächliche Beugung Einzahl

	-a	-jo
	d**o**braje	p**i**wa	shyzzj**o**
	(gutes)	(Bier)	(Leben)
1.+4.	d**o**br-aje	p**i**w-a	shyzz-j**o**
2.	d**o**br-aha	p**i**w-a	shyzz-j**a**
3.	d**o**br-amu	p**i**w-u	shyzz-j**u**
5.	d**o**br-ym	p**i**w-am	shyzz-j**om**
6.	d**o**br-ym	p**i**w-je	shyzz-**i**

unbelebte Beugung

Die Endungen der sächlichen Hauptwörter auf -a und -o sowie -jo oder auf -je sind weitgehend gleich, deshalb nenne ich hier nur die Endungen der Wörter auf -a und -jo.

Wenn man genau hinsieht, dann stellt man fest, dass die sächlichen Endungen bis auf den 1. und 4. Fall genau dieselben sind wie die männlichen!

Die 6 Fälle

belebte Beugung

Die belebten sächlichen Wörter sind relativ selten. Nur in der Mehrzahl unterscheiden sie sich von den unbelebten sächlichen Wörtern.

Die sächlichen Wörter mit der Endung -ja, z. B. dsizja (Kind), sind ein Sonderfall mit speziellen Endungen. Da dieses Wort aber wichtig ist, wird es hier angeführt:

	dobraje (gutes)	**dsizja** (Kind)
	dobr-aje	**dsiz-ja**
1.	**dobr-aje**	**dsiz-ja**
2.	**dobr-aha**	**dsiz-jazi**
3.	**dobr-amu**	**dsiz-jazi**
4.	**dobr-aje**	**dsiz-ja**
5.	**dobr-ym**	**dsiz-jom**
6.	**dobr-ym**	**dsiz-jazi**

Mehrzahl

In der Mehrzahl haben die Hauptwörter der harten Gruppe die Endung -y, die der weichen Gruppe die Endung -i. Umstandswörter enden auf -ija oder -yja. Bei der Beugung wird dann die Mehrzahlendung durch die Fallendung ersetzt. Die Endungen der Eigenschaftswörter in der Mehrzahl sind für alle Geschlechter gleich!

unbelebte Beugung

männlich

		„hart"
	dobryja (gute)	**bary** (Bars)
1.+4.	**dobr-yja**	**bar-y**
2.	**dobr-ych**	**bar-aŭ**
3.	**dobr-ym**	**bar-am**
5.	**dobr-ymi**	**bar-ami**
6.	**dobr-ych**	**bar-ach**

	-a (Ez dar**oh**-a)	-ja (Ez **ßjam'-ja**)	**weiblich**
	dar**oh**i (Wege)	**ßjem'i** (Familien)	
1.+4.	dar**oh**-i	**ßjem'-i**	
2.	dar**oh**	**ßjem'-jaú**	
3.	dar**oh**-am	**ßjem-jam**	
5.	dar**oh**-ami	**ßjem'-jami**	
6.	dar**oh**-ach	**ßjem'-jach**	

	-a (Ez mj**eß**z-a)	**sächlich**
	mj**eß**zy (Orte, Plätze)	
1.+4.	mj**eß**z-y	
2.	mj**eß**z-aú	
3.	mj**eß**z-am	
5.	mj**eß**z-ami	
6.	mj**eß**z-ach	

belebte Beugung

Die Endungen der belebten Hauptwörter lauten genauso wie die der unbelebten Hauptwörter, bis auf eine Ausnahme: Der 4. Fall ist hier gleich dem 2. Fall (und nicht dem 1.). Deshalb wird hier nur die besondere sächliche Beugung von dsjezi (Kinder) gezeigt.

Die Endungen der Eigenschaftswörter sind in der Mehrzahl immer gleich!

	d**o**bryja (gute)	dsj**e**zi (Kinder)	**sächlich**
1.	d**o**br-yja	dsj**e**z-i	
2.+4.	d**o**br-ych	dsj**a**z-jej	
3.	d**o**br-ym	dsj**e**z-jam	
5.	d**o**br-ymi	dsj**e**z*-mi	
6.	d**o**br-ych	dsj**e**z-jach	

mir & mich, dir & dich ...

Wie im Deutschen, so müssen auch im Belarussischen die persönlichen Fürwörter gebeugt werden (z. B. „ich": „mein/mir/mich").

Einzahl	**ja** (ich)	**ty** (du)	**jon** (er)	**jana** (sie)
2./4.	mjanje	zjabje	jaho	jaje
3.	mnje	tabje	jamu	joj
5.	mnoj	taboj	im	joj
6.	mnje	tabje	im	joj
Mehrzahl	**my** (wir)	**wy** (ihr)	**jany** (sie, Mz)	
2./4./6.	naß	waß	ich	
3.	nam	wam	im	
5.	nami	wami	imi	

Das ch *wird ausgesprochen wie in „Bach"!*

Verhältniswörter

Verhältniswörter (Präpositionen) sind dem Wort, mit dem sie verbunden sind, immer vorangestellt. Sie verlangen, dass das nachfolgende Wort jeweils in einem bestimmten Fall gebeugt wird. Hier sind die häufigsten Verhältniswörter, nach Fällen geordnet:

Mit dem 2. Fall

bjes	ohne	**s**	aus
ad	von	**da**	bis (zu)
paßlja	nach	**akramja**	außer
samjeßt	anstatt	**(na)ßupraz***	gegen(über)
u, ú	bei	**lja**	bei (in der Nähe von)

Ja s Aůßtryi.
ich aus Österreich(w2)
Ich bin aus Österreich.

bjes mjanje
ohne mich(2)
ohne mich

ad Warschawy da Minßka
von Warschau(w2) bis Minsk(m2)
von Warschau bis Minsk

da jaje
bis ihr(w2)
zu ihr

dsjakujutschy	dank

Mit dem 3. Fall

dsjakujutschy waschaj dapamosje
dank ihrer(w3) Hilfe(w3)
dank ihrer Hilfe

		Mit dem 4. Fall
u (ů, wa)	in;	
	nach (bei der Frage „wohin?")	*Wa steht anstelle*
na	auf;	*von u, wenn der erste*
	nach (bei der Frage „wohin?")	*Buchstabe des*
pras	über, durch; in (zeitlich)	*darauffolgenden*
sa	hinter (bei der Frage „wohin?")	*Wortes ein u ist.*
pra	über	

u horad
in Stadt(m4)
in die Stadt

u Aůßtryju
nach Österreich(w4)
nach Österreich

pras wulizu
über Straße(w4)
über die Straße

pras ljeß
durch Wald(m4)
durch den Wald

pras hadsinu
in Stunde(w4)
in einer Stunde

sa dom
hinter Haus(m4)
hinter das Haus

Mit dem 5. Fall

pjerad	vor (örtl.)
pamish	zwischen
s, ßa	mit
sa	hinter (auf die Frage „wo?")

pamish Warschawaj i Maßkwoj
zwischen Warschau(w5) und Moskau(w5)
zwischen Warschau und Moskau

ßa mnoj	**sa domam**	**pjerad taboj**
mit mir(5)	*hinter Haus(m5)*	*vor dir(5)*
mit mir	hinter dem Haus	vor dir

Mit dem 6. Fall

u (ù,wa)	in
na	auf
pa	über, entlang

Ja shywu ù Schwejzaryi/ù Aùßtryi.
ich lebe in Schweiz(w6)/in Österreich(w6)
Ich lebe in der Schweiz/in Österreich.

Jana shywje na wulizy Puschkina.
sie wohnt auf Straße(w6) Puschkin(m2)
Sie wohnt in der Puschkinstraße.

pa hetaj darosje
über diesen(w6) Weg(w6)
diesen Weg entlang

Verben & Zeiten

Das System der Tätigkeitswörter (Verben) ist recht kompliziert. Im Unterschied zum Deutschen werden Verben außerdem hinsichtlich ihres „Aspektes" unterschieden. Hierbei geht es um die Beurteilung, wie die im Verb beschriebene Handlung zeitlich einzuordnen ist. Die Bildung der im Folgenden aufgeführten Zeitformen ist für alle Verben gleich.

Grundform

Verben haben in der Grundform (Infinitiv) die Endung -z*, -zi oder -tschy, z. B.:

pryjashds<u>h</u>a/z*	ankommen
jeß/zi	essen
mah/tsch<u>y</u>	können

Die Grundform-Endungen werden der Übersichtlichkeit wegen in allen Listen mit einem Schrägstrich vom Stamm getrennt dargestellt.

Die Verben auf -z* kommen am häufigsten vor, zur Endung gehört aber meistens noch mehr dazu, z. B.:

praz/aw<u>a</u>z*	arbeiten
hawar/<u>y</u>z*	sprechen

Gegenwart

Um die Gegenwartsform zu bilden, wird die Grundform-Endung durch die Personal-

Wem es zu viel ist, sich sofort durch die vielen Formen zu arbeiten, findet in den Abschnitten „Modalverben" und „Zukunft" Tipps, wie man ohne großen Aufwand einfache, verständliche und vor allem nützliche Sätze bilden kann.

endung ersetzt. Die Personalendungen lassen sich in zwei Beugungstypen einteilen und sind bis auf wenige Ausnahmen immer gleich.

	„e"-Beug. (Ia)	„e"-Beug. (Ib)
	pryjashdsha/z* (ankommen, hinfahren)	**praz/aw<u>a</u>z*** (arbeiten)
ich	**pryjashdsha-ju**	**praz-<u>u</u>ju**
du	**pryjashdsha-jesch**	**praz-<u>u</u>jesch**
er/sie/es	**pryjashdsha-je**	**praz-<u>u</u>je**
wir	**pryjashdsha-jem**	**praz-<u>u</u>jem**
ihr/Sie	**pryjashdsha-jezje**	**praz-<u>u</u>jezje**
sie (Mz)	**pryjashdsha-juz***	**praz-<u>u</u>juz***

	„y"-Beug. (IIa)	„i"-Beug. (IIb)
	hawar/<u>y</u>z* (sprechen)	**rab/<u>i</u>z*** (machen)
ich	**hawar-u**	**rabl-<u>ju</u>**
du	**haw<u>o</u>r-ysch**	**r<u>o</u>b-isch**
er/sie/es	**haw<u>o</u>r-yz***	**r<u>o</u>b-iz***
wir	**haw<u>o</u>r-ym**	**r<u>o</u>b-im**
ihr/Sie	**haw<u>o</u>r-yzje**	**r<u>o</u>b-izje**
sie (Mz)	**haw<u>o</u>r-az***	**r<u>o</u>b-jaz***

Beugungstyp Ia Hierzu gehören u. a. die meisten Verben auf -az* oder -jaz*. Statt der Endung -z* wird die Beugungsendung angefügt, -a oder -ja bleiben erhalten.

Beugungstyp Ib Beugungstyp Ib ist ein Untertyp von Ia: von der Endung der Grundform fällt noch mehr weg, dafür sind die Personalendungen um ein u erweitert.

Zu diesen Beugungstypen gehören u. a. alle Verben auf -yz* und –iz*. Bei IIa ist der Stammauslaut „hart", bei IIb ist er „weich". Deshalb unterscheiden sich die Endungen.

Wenn, wie am Beispiel rabiz* (IIb) zu sehen ist, sich bei der Beugung auch der Stamm und die Betonung verändern, so wird das in der Wörterliste im Anhang immer mit angegeben. Dort sind dann die 1., 2. und 3. Person Einzahl angegeben. Wenn man diese kennt, kann man ohne Probleme davon auch die Mehrzahlformen ableiten. Ist nur die 1. Person unregelmäßig, so steht vor dieser Form der Hinweis „nur".

Beugungstyp IIa/b

Wichtig: Die höfliche Anredeform ist im Belarussischen die 2. Person Mehrzahl. Wy hаworyzje *heißt dann also sowohl „ihr sprecht" als auch „Sie sprechen".*

Vergangenheit

Die Vergangenheit ist wesentlich einfacher als die Gegenwart. Es gibt nur vier Personalendungen, die an den Stamm gehängt werden, eine männliche (m), weibliche (w), sächliche (s) und eine Mehrzahlendung (Mz):

m	w	s	Mz
-ù	-la	-lo/-la	-li

rabi/z* (machen)	
ja rabiù (m)/**rabila** (w)	ich machte
ty rabiù (m)/**rabila** (w)	du machtest
jon rabiù	er machte
jana rabila	sie machte
my/wy/jany rabili	wir/ihr/Sie/sie machten

Schto ty rabiu?

was du machtest(m)

Was hast du gemacht? *(zu einem Mann)*

Bei den Verben auf -zi und -tschy muss man etwas aufpassen: die männliche Vergangenheitsform nämlich ist endungslos!

njeß/zi	tragen
jon njoß	er trug
jana njeßla	sie trug
my njeßli	wir trugen

bjeh/tschy	rennen
jon bjeh	er rannte
jana bjehla	sie rannte
my bjehli	wir rannten

Bei manchen Verben auf -tschy ändert sich der Selbstlaut!

dapamah/tschy (v)	helfen
jon dapamoh	er half
jana dapamahla	sie half
my dapamahli	wir halfen

Jon mnje dapamoh.

er mir(3) half(v)

Er hat mir geholfen.

Zukunft

Im Vergleich zu den vielen Formen der Gegenwart lässt sich die Zukunft der Verben mit unvollendetem Aspekt ganz einfach bilden, nämlich nach dem gleichen Prinzip wie im Deutschen: Zukunftsform des Hilfsverbs byz* (sein) + Grundform des Verbs. Die Zukunftsformen von byz* lauten:

byz*	sein
ja b<u>u</u>du	ich werde
ty b<u>u</u>dsjesch	du wirst
jon b<u>u</u>dsje	er wird
my b<u>u</u>dsjem	wir werden
wy b<u>u</u>dsjezje	ihr/Sie werden
jany b<u>u</u>duz*	sie werden

Vom Hilfsverb byz*
(sein) gibt es nur eine
unregelmäßige
Gegenwartsform
in der 3. Person,
und zwar joßz*.

Ja b<u>u</u>du tabje piß<u>a</u>z*.
ich werde dir(3) schreiben(uv)
Ich werde dir schreiben.

Da man sich nur die Beugung der Zukunfts-
formen von byz* merken muss, kann man mit
der Zukunft schnell einfache Sätze bilden.
Oft entfällt sogar das Hauptverb, und byz*
steht alleine:

Ty b<u>u</u>dsjesch tanzaw<u>a</u>z*?   **P<u>i</u>wa b<u>u</u>dsjesch?**
du wirst tanzen   *Bier(s4) (du-)wirst*
Kommst du tanzen?   Willst du Bier?

Von den Verben des vollendeten Aspekts gibt
es keine Gegenwartsform, und so ist die
Form, die wie die Gegenwartsform aussieht,
schon die Zukunftsform. Doch darüber mehr
im Abschnitt „Aspekte".

Aspekte

Die Aspekte sind eine besonders schwierige
Erscheinung in den slawischen Sprachen, da
sie im Deutschen keine Entsprechung haben.

Die Verben in der Wörterliste im Anhang sind im unvollendeten Aspekt angegeben, da dieser am einfachsten zu gebrauchen ist.

Fast jedes deutsche Tätigkeitswort hat im Belarussischen zwei Entsprechungen, die Form des unvollendeten (uv) und des vollendeten (v) Aspektes. Verben ohne die Aspektangabe sind hier grundsätzlich unvollendet.

sagen	**kas_a_z*** (uv)	**ßkas_a_z*** (v)

Um das System wirklich gut zu beherrschen, muss man sich sehr genau mit der Sprache beschäftigen. Zum Glück wird man aber, auch wenn man den falschen Aspekt benutzt, meistens verstanden.

unvollendeter Aspekt

Die Verbform des unvollendeten Aspektes wird verwendet, wenn sich eine Handlung oft wiederholt (hat), lange gedauert hat, wenn man den Prozess der Handlung unterstreichen möchte. Es gibt eine Reihe von Signalwörtern, nach denen fast immer der unvollendete Aspekt steht:

tsch_a_ßta	oft
r_e_dka	selten
do_ú_ha	lange
schtodsj_o_nna	täglich
swytsch_a_jna	gewöhnlich
sa_ú_ßjody	immer

Von den Verben des unvollendeten Aspektes können alle Zeitformen gebildet werden:

Hety mahasin prazuje schtodsjonna.
dieses(m) Geschäft(m) arbeitet(uv) täglich
Dieses Geschäft hat täglich geöffnet.

My doüha hawaryli.
wir lange redeten(uv)
Wir haben lange geredet.

vollendeter Aspekt

Der vollendet Aspekt wird verwendet bei Handlungen, die nur einmal passieren (oder passiert sind), abgeschlossen sind, und wenn nicht der Prozess der Handlung, sondern das Ergebnis im Vordergrund steht:

Ja pratschytala twoj lißt.
ich durchlas(w) deinen(m4) Brief(m4)
Ich habe deinen Brief gelesen.
(... und zwar nicht einfach so, sondern von Anfang bis Ende!)

My pryjechali útschora.
wir ankamen(v) gestern
Wir sind gestern angekommen.

Vom vollendeten Aspekt kann man keine Gegenwartsform bilden, die „Gegenwartsform" ist schon die Zukunftsform. Im Gegensatz zur Zukunftsform mit „werden" drückt diese Form aus, dass man die feste Absicht hat, etwas zu tun:

Sa̲utra my paje̲dsjem dado̲mu.

morgen wir fahren(v) nach-Hause

Morgen werden wir nach Hause fahren.

Ja jamu̲ ßkashu̲.

ich ihm sage(v)

Ich werde es ihm sagen.

Verben der Richtung & Bewegung

Nicht nur, dass es von den Verben zwei Aspekte gibt, es gibt auch Verbpaare, die sich hinsichtlich der Richtung und Bewegung unterscheiden.

Achtung:
Nur Verben des
unvollendeten
Aspektes können
Verbpaare hinsichtlich
Richtung und
Bewegung bilden!

Bestimmte Verben (abgekürzt „b") bezeichnen eine Bewegung, die …
a) zielgerichtet erfolgt
b) einmalig erfolgt
Unbestimmte Verben (abgekürzt „ub") bezeichnen eine Bewegung, die …
a) nicht zielgerichtet erfolgt (hin und her, umher, auf und ab)
b) mehrmalig oder gewohnheitsmäßig erfolgt (auch wenn sie zielgerichtet ist)
c) eine allgemeine Fähigkeit beschreibt.

Wichtige
Verbpaare bilden
„gehen" und
„fahren".

	ißzi̲	**chadsi̲z***
	gehen (b)	gehen (ub)
ich	**ja idu̲**	**ja chadshu̲**
du	**ty idsje̲sch**	**ty cho̲dsisch**
er	**jon idsje̲**	**jon cho̲dsiz***

Ja idu na kanzert.

ich gehe(b) auf Konzert(m4)

Ich gehe zu einem Konzert.

Ja tschaßta chadshu na kanzerty.

ich oft gehe(ub) auf Konzerte(mMz4)

Ich gehe oft zu Konzerten.

	jechaz* fahren (b)	jesdsiz* fahren (ub)
ich	ja jedu	ja jeshdshu
du	ty jedsjesch	ty jesdsisch
er	jon jedsje	jon jesdsiz*)

My jedsjem da babul*ki.

wir fahren(b) bis Oma(2)

Wir fahren zur Oma.

Jana tschaßta jesdsiz* na Bjelaruß*.

sie oft fährt(ub) auf Belarus(w4)

Sie fährt oft nach Belarus.

Ißzi (gehen) hat unregelmäßige Vergangen-
heitsformen: ischou (m), ischla (w), ischli (Mz).

Sein & Haben

Deutsche Sätze mit „haben" und „sein" lassen
sich nicht ohne Weiteres und eins zu eins ins
Belarussische übertragen. Das System ist aber
regelmäßig und sogar einfacher als im Deut-
schen.

sein

Die Gegenwartsform von byz* (sein) wird nur in bestimmten feststehenden Wendungen gebraucht (siehe „haben"). Wo im Deutschen das Verb „sein" verwendet wird, fehlt im Belarussischen das Verb meist völlig:

Jon njemjez.
er Deutscher
Er ist Deutscher.

Jana njemka.
sie Deutsche
Sie ist Deutsche.

Jon chwory.
er krank
Er ist krank.

Jana sdarowaja.
sie gesund
Sie ist gesund.

ßjonnja choladna.
heute kalt
Heute ist es kalt.

In der Vergangenheit müssen die Vergangenheitsformen von byz (sein) eingesetzt werden!*

ich (m)/du (m)/er war	**ja, ty, jon byu**
ich (w)/du (w)/sie war	**ja, ty, jana byla**
es war	**jano bylo**
wir/ihr/sie waren	**my, wy, jany byli**

Jon byù chwory.
er war(m) krank(m)
Er war krank.

Jana byla chworaja.
sie war(w) krank(w)
Sie war krank.

Heta bylo dobra.
dieses war(s) gut
Das war gut.

He̱ta bu̱dsje do̱bra.
dieses wird gut
Das wird gut.

Sa̱ùtra bu̱dsje cho̱ladna.
morgen (es-)wird kalt
Morgen wird es kalt.

Für die Zukunft muss die Zukunftsform von byz* *verwendet werden.*

haben

Nicht verwirren lassen: Um „haben" auszudrücken, wird im Belarussischen meist eine Konstruktion mit der unveränderlichen Gegenwartsform von byz* (sein), also jo̱ßz* (ist), verwendet:

U mja̱nje/zja̱bje/ja̱ho/ja̱je/wa̱ß/ich ... jo̱ßz*.
bei mir(2)/dir(2)ihm(2)ihr(2)euch(2)ihnen(2)... ist
Ich/du/er/sie/ihr/sie habe/hast/hat/habt ...

Die Sache, die man hat/besitzt, steht unverändert im 1. Fall.

U ja̱ho jo̱ßz* maschy̱na.
bei ihm(2) ist Auto
Er hat ein Auto.

U wa̱ß jo̱ßz* dsje̱zi?
bei euch(2) ist Kinder
Haben Sie Kinder?

U ja̱je by̱ù dom.
bei ihr(2) war(m) Haus(m)
Sie hatte ein Haus.

Die Vergangenheitsformen von byz* *(sein) richten sich in Zahl und Geschlecht nach der Satzergänzung!*

U ja̱ho by̱la maschy̱na.
bei ihm(2) war(w) Auto(w)
Er hatte ein Auto.

U ich by̱li hro̱schy.
bei ihnen(2) waren(Mz) Gelder(Mz)
Sie hatten Geld.

Das eigentliche Verb „haben" (mjez*) wird genau wie im Deutschen gebraucht, allerdings eher selten verwendet. Es gibt keine genaue Regel dafür, wann die Konstruktion mit „sein" oder das Verb „haben" verwendet wird. Wenn man es sich einfacher machen will, kann man also getrost das einfachere Verb mjez* (haben) benutzen. Das Hauptwort danach steht im 4. Fall (Akkusativ):

Ja maju tschaß.   **Ty majesch razyju.**
ich habe Zeit(m4)   *du hast Sinn(w4)*
Ich habe Zeit.   Du hast Recht.

mjez*	haben
ja maju	ich habe
ty majesch	du hast
jon/jana maje	er/sie hat
my majem	wir haben
wy majezje	ihr habt
jany majuz*	sie haben

Modalverben (können, wollen, mögen ...)

Der Tipp für alle, die schnell anfangen wollen zu sprechen: Ein Modalverb suchen, die Grundform des Verbs, das man verwenden will, dranhängen, und los geht's!

Ein Satz mit „können", „wollen" oder anderen Modalverben ist ähnlich wie im Deutschen gebaut: Das Modalverb wird gebeugt, das nachfolgende Verb steht in der Grundform.

Ja chatschu jeßzi.
Ich will essen.

	chazjez*	ljubiz*
	wollen	lieben
ja	chatschu	ljublju
ty	chotschasch	ljubisch
jon/jana	chotscha	ljubiz*
my	chotscham	ljubim
wy	chotschazje	ljubizje
jany	chotschuz*	ljubjaz*

Beachten Sie: ljubiz* *hat die Bedeutungen „lieben" und „mögen",* mahtschy *und* umjez* *haben beide die Bedeutungen von „können" und „dürfen"!*

	mahtschy	umjez*
	können	können
ja	mahu	umjeju
ty	moshasch	umjejesch
jon/jana	mosha	umjeje
my	mosham	umjejem
wy	moshazje	umjejezje
jany	mohuz*	umjejuz*

Dsje moshna kupiz* biljety?
wo man-kann kaufen(v) Billetts(mMz4)
Wo kann man Fahr- bzw. Eintrittskarten
kaufen? (statt „Wo werden Fahrkarten ver-
kauft?")

wollen

Jana chotscha maroshanaje.
sie will Eis(s4)
Sie möchte Eis.

My chotscham pajechaz* u wjoßku.
wir wollen fahren(v) in Dorf(w4)
Wir möchten aufs Land fahren.

Oft wird chazj<u>e</u>z* **Mnje ch<u>o</u>tschazza piz*.**
(wollen) rückbezüglich *mir es-will-sich trinken*
verwendet: Ich habe Durst.

lieben, mögen

Ja ljublj<u>u</u> padar<u>o</u>shnitschaz*.
ich liebe reisen
Ich reise gern.

My ljubim* chadsiz* u wandr<u>o</u>uki.
wir lieben gehen(ub) in Wanderungen(mMz4)
Wir machen gerne längere Wanderungen mit
dem Zelt.

Auch als Vollverb wird ljubiz* (lieben, mögen)
häufig verwendet. Die Wörter danach stehen
dann im 4. Fall.

Jan<u>a</u> ljubiz* bjelaruß<u>k</u>uju m<u>u</u>syku.
sie liebt belarussische(w4) Musik(w4)
Sie mag belarussische Musik.

Ja ljublj<u>u</u> zjabj<u>e</u>.
ich liebe dich(4)
Ich liebe dich.

können, dürfen

Je nach konkreter Bedeutung werden im Be-
larussischen zwei verschiedene Verben für
„können" verwendet. Umj<u>e</u>z* (können) verwen-
det man, um eine erlernte Fähigkeit auszu-
drücken:

Ja ùmjeju tanzaw<u>a</u>z*.
Ich kann tanzen.

Jan<u>a</u> ùmjeje wads<u>i</u>z* maschynu.
sie kann führen Auto(w4)
Sie kann Auto fahren.

Mahtsch<u>y</u> (können, dürfen) verwendet man, um auszudrücken, dass man etwas kann oder darf, was von äußeren Umständen abhängt oder wozu man körperlich in der Lage ist. Dieses Verb wird unregelmäßig gebeugt.

Ja mah<u>u</u> tabj<u>e</u> paswan<u>i</u>z*.
ich kann dich(3) anrufen(v)
Ich kann dich anrufen.

Ty m<u>o</u>shasch mnje dapamahtsch<u>y</u>?
du kannst mir(3) helfen(v)
Kannst du mir helfen?

My m<u>o</u>sham s<u>a</u>ùtra pryjßz<u>i</u>.
wir können morgen herkommen(v)
Wir können morgen kommen.

Die Vergangenheit von mahtsch<u>y</u> (können, dürfen) ist unregelmäßig: moh (m), mahl<u>a</u> (w), mahl<u>o</u> (s), mahl<u>i</u> (Mz).

Ja nje moh pryjßz<u>i</u>.
ich nicht konnte herkommen(v)
Ich konnte nicht kommen.

Sehr oft wird von mahtsch**y** *(können,* *dürfen) die* *unpersönliche Form* m**o**shna *(man kann/* *darf) verwendet.*

Mo**shna?**
man-darf
Darf man?

Mo**shna kn**i**hu?**
man-darf Buch(w4)
Darf man ein Buch nehmen?

Mo**shna zajßz**i***/kur**y**z*/ús**ja**z*?**
man-darf vorbeikommen(v)/rauchen/nehmen
Darf man eintreten/rauchen/das nehmen?

Die Verneinung von m**o**shna ist nj**e**lha (man darf nicht/es ist verboten):

Tut nje**lha kur**y**z*!**
hier man-darf-nicht rauchen
Hier darf man nicht rauchen!

brauchen, sollen, müssen

Mit dem unveränderlichen Wort tr**e**ba wird, je nach Zusammenhang, ausgedrückt, ob man etwas machen „soll", „muss" oder „braucht".

Die Person, die etwas *braucht, steht dabei* *immer im 3. Fall.*

Tre**ba tschak**a**z*.**
man-muss warten
Man muss warten.

Nam tre**ba jech**a**z*!**
uns(3) man-muss fahren
Wir müssen (los)fahren!

Mnje tre**ba praz**a**w**a**z*.**
mir(3) man-muss arbeiten
Ich muss arbeiten.

Tabje** tr**e**ba adpatsch**y**z*!**
dir(3) man-muss erholen(v)
Du brauchst Erholung!

brauchen, müssen

Das Verb patrẹbna verwendet man, wenn man ausdrücken möchte, dass man einen Gegenstand, eine Sache oder Person benötigt.

Wie auch bei trẹba steht die Person, die etwas braucht, im 3. Fall, die Sache, die sie braucht, aber im 1. Fall. Patrẹbna richtet sich in Zahl und Geschlecht nach der Satzergänzung: patrẹbjen (m), patrẹbna (w), patrẹbna (s), patrẹbny (Mz).

Mnje patrẹbna wịsa.
mir(3) es-braucht(w)
Visum(w)
Ich benötige ein Visum.

Jon mnje patrẹbjen!
er mir(3) es-braucht(m)
Ich brauche ihn.

Rückbezügliche Verben

In der Grundform erkennt man rückbezügliche Verben (z. B. „sich bekannt machen") an der Endung -za. Diese Endung kann man an viele Verben einfach anhängen (das ergibt natürlich nicht immer einen Sinn).

snajọm/iz* (IIb)	**snajọm/izza**
bekanntmachen	sich bekanntmachen
ßußtrakạ/z* (Ia)	**ßußtrakạ/zza**
treffen	sich treffen
sabaúlja/z* (Ia)	**sabaúlja/zza**
amüsieren	sich amüsieren

Die rückbezüglichen Verben werden wie die anderen Verben gebeugt. An die Personalendung wird dann die Endung -ßja angefügt. Eine Ausnahme bilden die 2. und die 3. Person:

ßußtraka/zza	sich treffen
ja ßußtrakajußja	ich treffe mich
ty ßußtrakajeßja	du triffst dich
jon/jana ßußtrakajezza	er/sie trifft sich
my ßußtrakajemßja	wir treffen uns
wy ßußtrakajezjeßja	ihr trefft euch
jany ßußtrakajuzza	sie treffen sich

Manchmal hat das nichtrückbezügliche Verb andere Nebenbedeutungen als das rückbezügliche.

Ja ßjonnja ßußtrakaju ßwaich ßjabroü na waksalje.
ich heute treffe seine(mMz4) Freunde(mMz4) am Bahnhof(m6)
Ich hole heute meine Freunde vom Bahnhof ab.

Ja ßjonnja ßußtrakajußja s ßjabrami.
ich heute treffe-sich mit Freunden(mMz5)
Ich treffe mich heute mit Freunden.

Bei vielen rückbezüglichen Verben wird die nichtrückbezügliche Form nur selten gebraucht.

sich verirren	**sabluds/izza** (IIb, v)
	(ja sabludshußja)
sich befinden	**snachods/izza** (IIb)
	(ja snachodshußja,
	ty snachodsißja)
sich beschweren	**ßkards/izza** (IIb)
	(ja ßkardshußja,
	ty ßkardsißja)
sich verabreden	**damow/izza** (IIb, v)

Ja chatsch<u>u</u> ßk<u>a</u>rdsizza.

ich möchte beschweren-sich

Ich möchte mich beschweren.

My dam<u>o</u>wilißja ßußtr<u>e</u>zza s<u>a</u>ütra.

wir verabredeten-sich(v) treffen-sich(v) morgen

Wir haben verabredet, dass wir uns morgen
treffen.

Dam<u>o</u>wilißja!

(wir-)verabredeten-sich(v)

Abgemacht!

Nicht alle Verben, die auf Deutsch rückbe-
züglich sind, sind es auch auf Belarussisch,
und umgekehrt:

h<u>u</u>tar/yz* (IIa)	sich unterhalten
wutsch/<u>y</u>zza (IIa)	lernen
wjart<u>a</u>/zza (Ia)	zurückkommen
wjart<u>a</u>/z* (Ia)	zurückgeben (!)

Ja wjart<u>a</u>jußja dad<u>o</u>mu.

ich zurückkomme-sich nach-Hause

Ich komme nach Hause zurück.

Ja wjart<u>a</u>ju tabj<u>e</u> kn<u>i</u>hu.

ich zurückkomme dir(3)Buch(w4)

Ich gebe dir das Buch zurück.

Auffordern & Befehlen

Die Befehlsform der Verben lässt sich ganz einfach bilden, indem man die Endung der Grundform (-iz*, yz*, -az*, -ez*, -zi oder -tschy) weglässt und für eine Person, die man duzt, ein -i oder ein -y, für mehrere Personen oder für eine Person, die man siezt, -izje oder -yzje anfügt:

Endet der Stamm auf einen Mitlaut (tschaka/z), dann lautet die Endung -j bzw. -jzje!*

rab/iz*	rabi!	rabizje!
machen	mach!	macht!
hawar/yz*	hawary!	hawaryzje!
reden	rede!	redet!
tschaka/z*	tschakaj!	tschakajzje!
warten	warte!	wartet!

Unregelmäßige Befehlsformen sind:

ßkasaz*	ßkashy!	ßkashyzje!
sagen (v)	sage!	sagt!
daswoliz*	daswol*!	daswol*zje!
erlauben	erlaube!	erlaubt!
prychodsiz*	prychods*!	prychodsje!
(her)kommen	komm her!	kommt her!
dapamahtschy	dapamashy!	dapamashyzje!
helfen (v)	hilf!	helft!

Um nicht unhöflich zu erscheinen, verbinden Sie die Aufforderung mit kali laßka (bitte).

ßkashyzje, kali laßka ...
sagt! wenn Güte(w)
Sagen Sie bitte ...

Kali laßka, dapamashyzje mnje!
wenn Güte(w), helft!(v) mir(3)
Bitte helfen Sie mir!

Kali laßka, paŭtaryzje!
wenn Güte(w), wiederholt!(v)
Bitte wiederholen Sie!

In der Umgangssprache kann die Vergangen-
heitsform der Verben „gehen" und „fahren"
auch auffordernden Charakter haben:

Pajschli dadomu!
(wir-)gingen(v) nach-Hause
Lass uns nach Hause gehen!

Pajechali ŭ Maßkwu!
(wir-)losfuhren in Moskau(w4)
Fahren wir nach Moskau!

Für gewöhnlich ist die Befehlsform des voll-
endeten Aspektpartners stärker als die des un-
vollendeten Verbpartners. Beim Aspektpaar
daz* (v) und dawaz* (uv) (geben) hat nur die
Aufforderungsform von daz* die Bedeutung
von „geben":

daz*	daj!	dajzje!
geben(v)	gib!	geben Sie!

Dajzje, kali laßka, adsin biljet!
gebt!, wenn Güte(w), ein Billett
Geben Sie bitte eine Eintritts-/Fahrkarte!

*In der Wort-für-Wort-
Übersetzung wird die
Befehlsform durch ein
Ausrufezeichen
gekennzeichnet.*

Dawaj *und* dawajzje *haben die Bedeutungen „Los!", „Lasst uns!", können aber auch das Ende eines Gesprächs andeuten.*

Dawajzje, ßußtrenjemßja saùtra!
gebt!(uv), (wir-)treffen-sich(v) morgen
Lasst uns morgen treffen!

Dawajzje, pojdsjem na dyßkateku!
gebt!(uv), (wir-)gehen(v) auf Disco(w4)
Los, lasst uns in die Disco gehen!

Nu dawaj, naliwaj!
nun gib!(uv), eingieß!
Na los, gieß ein!

Nu dawaj, bywaj!
nun gib(v)!, sei!
Nun gut, tschüss!

Verneinung

Sowohl Hauptwörter als auch Verben werden durch vorangestelltes nje (nicht) verneint.

Ja nje chatschu.
ich nicht will
Ich möchte nicht.

Heta nje prabljema.
dieses nicht Problem(w)
Das ist kein Problem.

Heta mnje nje padabajezza.
dieses mir(3) nicht gefällt-sich
Das gefällt mir nicht.

In der Umgangssprache wird die Verneinung oft verstärkt, indem nje am Satzanfang wiederholt wird:

Nje, my nje pryjdsjem.
nein, wir nicht ankommen(v)
Nein, wir werden nicht kommen.

Soll gesagt werden, dass etwas nicht vorhanden ist, so muss das mit dem unveränderlichen Ausdruck njama (es gibt nicht) ausgedrückt werden. Die nicht vorhandene Sache steht dann im 2. Fall (Genitiv):

Njama harbaty.
(es-)gibt-nicht Tee(w2)
Es gibt keinen Tee.

U mjanje njama tschaßu.
bei mir(2) (es-)gibt-nicht Zeit(m2)
Ich habe keine Zeit.

Die Vergangenheitsform von njama (es gibt nicht) heißt nje bylo (es war nicht):

Utschora nje bylo biljetaŭ.
gestern nicht (es-)war Billetts(m2)
Gestern gab es keine Eintrittskarten.

Die ebenfalls unveränderliche Zukunftsform lautet nje budsje (es wird nicht):

Saŭtra mjanje nje budsje doma.
morgen mich(2) nicht (es-)wird zu-Hause
Morgen werde ich nicht zu Hause sein.

nitschoha	nichts
nidsje	nirgends
nichto, nikoha (2)	niemand
nikoli	niemals

Bei diesen Verneinungen wird das Verb quasi doppelt verneint!

Nitscho**ha njam**a**.**
nichts (es-)gibt-nicht
Es gibt nichts.

Tut nidsje **njam**a **p**i**wa.**
hier nirgends (es-)gibt-nicht Bier(s2)
Es gibt hier nirgends Bier.

In der Umgangs- **Nicht**o **nitsch**o**ha nje wj**e**daje.**
sprache bedeutet *niemand nichts nicht weiß*
nitsch**o**ha! *auch* Niemand weiß etwas.
„*Macht nichts!".*
Nik**o**ha *ist der 2.* **Tut nik**o**ha njam**a**.**
und 4. Fall von *hier niemand(2) (es-)gibt-nicht*
nicht**o** *(niemand).* Es ist niemand hier.

Ja tut niko**ha nje wj**e**daju.**
ich hier niemanden(4) nicht kenne
Ich kenne hier niemanden.

Fragen

Wie im Deutschen werden Entscheidungs-
und Ergänzungsfragen unterschiedlich gebil-
det.

Entscheidungsfragen

Entscheidungsfragen können nur mit ja (tak)
oder nein (nje) beantwortet werden. Sie wer-
den ohne Fragewörter gebildet. Die Wortstel-
lung ist dabei meistens wie im Aussagesatz,

nur an der Betonung kann man hören, dass es eine Frage ist: Die Stimme wird bei der Sache, nach der gefragt wird, angehoben. Am Satzende wird sie gesenkt. Die richtige Fragebetonung zu treffen erfordert einige Übung.

Zjahnik ad'jechaù.
Zug(m) abfuhr(v)
Der Zug ist abgefahren.

Zjahnik ad'jechaù?
Zug(m) abfuhr(v)
Ist der Zug abgefahren?

Zusätzlich kann an den Anfang einer Entscheidungsfrage das Fragewort zi (ob) gesetzt werden, es ist aber nicht zwingend nötig.

U waß joßz* maroshanaje?
bei euch(Mz2) Eis(s)
Haben Sie Eis?

Zi ù waß joßz* maroshanaje?
ob bei euch(Mz2) Eis(s)
Haben Sie Eis?

Wenn man die richtige Fragebetonung noch nicht beherrscht, hilft zi (ob), dass eine Frage auch tatsächlich als Frage verstanden wird.

Ergänzungsfragen

Ergänzungsfragen werden mit Fragewörtern gebildet und erfordern einen vollständigen Satz als Antwort. Meistens stehen die Fragewörter am Satzanfang, danach folgt das Verb und danach das Wort, wonach gefragt wird. Genauso wie das Wörtchen nicht̲o (niemand) muss das Fragewörtchen chto (wer) gebeugt werden.

Fragen

chto?	wer?
kaho? (+2/+4)	wessen?, wen?
kamu? (+3)	wem?
(s) kim (+5)	(mit) wem?
schto?	was?
dsje?	wo?
kali?	wann?
kol*ki? (+2)	wie viel?
kudy?	wohin?
adkul*?	woher?
nawoschta?, tschamu?	warum?
jak?	wie?
jak tschaßta?	wie oft?
s jakoha tschaßu	seit wann?
von welcher(m2) Zeit(m2)	
da jakoha tschaßu	bis wann?
bis welche(m2) Zeit(m2)	
tschyj? (m)	wessen?

Tschyj richtet sich in Zahl und Geschlecht nach dem Wort, das erfragt wird:
tschyja? *(w)*,
tschyjo? *(s)*,
tschyje? *(Mz)*.

Tschyj hety paschpart?
wessen dieser Reisepass
Wessen Reisepass ist das?

Chto heta?
wer dieses
Wer ist das?

Chto tam?   **Schto tam?**
wer dort   *was dort*
Wer ist dort?   Was ist dort?

Schto heta?
was dieses
Was ist das?

Kol*ki kilamjetraù ...?
wieviel Kilometer(mMz2)
Wie viele Kilometer ...?

Kol*ki tschaßu?
wieviel Zeit(m2)
Wie spät ist es?

Schto sdarylaßja?
was (es-)passierte-sich(v)
Was ist passiert/los?

Bindewörter

Bindewörter (Konjunktionen) verbinden einzelne Wörter und Sätze miteinander. Sie können meistens wie im Deutschen verwendet werden.

i	und, auch
jak	wie
alje, a	aber
schto	dass
abo	oder
abo ... abo	entweder ... oder
bo	weil
kali	wenn, wann
pahetamu	deshalb
zi	ob
dy	so, dann

Jana ßkasala, schto pryjdsje ßjonnja.

sie sagte(v), dass (sie-)wird-kommen heute
Sie hat gesagt, dass sie heute kommen wird.

Abo ßjonnja, abo saùtra ...

entweder heute, oder morgen
Entweder heute oder morgen ...

Kali shadajesch, moshna pajßzi na piwa.

wenn (du-)wünschst, man-kann losgehen nach Bier(s4)
Wenn du möchtest, können wir ein Bier trinken gehen.

Zahlen & Zählen

Bei der Zahl 1 gibt es eine männliche, weibliche und sächliche Form, bei der Zahl 2 eine männlich/sächliche und eine weibliche (genauso ist es dann bei 21, 22, 31, 32, 41 ...).

0	**nul***	4	**tschatyry**
1	**adsin** (m), **adna** (w),	5	**pjaz***
	adno (s)	6	**scheßz***
2	**dwa** (m/s),	7	**ßjem**
	dswje (w)	8	**woßjem**
3	**try**	9	**dsjewjaz***

10	**dsjeßjaz***	15	**pjatnazzaz***
11	**adsinazzaz***	16	**schaßnazzaz***
12	**dwanazzaz***	17	**ßjamnazzaz***
13	**trynazzaz***	18	**waßjemnazzaz***
14	**tschatyrnazzaz***	19	**dsjewjatnazzaz***

20	**dwazzaz***	60	**scheßdsjeßjat**
30	**tryzzaz***	70	**ßjemdsjeßjat**
40	**ßorak**	80	**woßjemdsjeßjat**
50	**pjadsjeßjat**	90	**dsjewjanoßta**

Die Bildung der Hunderter von 200-400 ist unregelmäßig, 500-900 werden mit Grundzahl + -ßot gebildet.

100	**ßto**	600	**scheßz*****ßot**
200	**dswjeßzje**	700	**ßjemßot**
300	**tryßta**	800	**woßjemßot**
400	**tschatyryßta**	900	**dsjewjaz*****ßot**
500	**pjaz*****ßot**		

Bei der Bildung der Tausender muss beachtet werden, dass das Wort für Tausend (tyßjatscha) weiblich ist und je nach voranstehender Zahl unterschiedlich gebeugt wird (s. „zählen"):

1000	**tyßjatscha** (w)
2000	**dswje tyßjatschy** (wMz)
3000	**try tyßjatschy** (wMz)
4000	**tschatyry tyßjatschy** (wMz)
5000	**pjaz* tyßjatsch** (wMz2)
10.000	**dsjeßjaz* tyßjatsch** (wMz2)
100.000	**ßto tyßjatsch** (wMz2)
1.000.000	**adsin miljon**

Zusammengesetzte Zahlen werden in der Reihenfolge „Tausender, Hunderter, Zehner, Einer" gebildet.

dwazzaz* adsin	*zwanzig eins*	21
dwazzaz* try	*zwanzig drei*	23
ßto dwazzaz* adsin	*hundert zwanzig eins*	121

Auch nach diversen Währungsreformen ist der belarussische Rubel immer noch wenig wert, die Zahlenbeträge der Preise sind sehr hoch. Deshalb wird oftmals die Zahl abgekürzt und das Wort „Tausend" einfach weggelassen. Statt „siebzehntausend fünfhundert" heißt es dann: „siebzehn fünfhundert":

ßjamnazzaz* pjaz*ßot
siebzehn fünfhundert
17.500 (Rubel)

ßto dwazzaz* try tryßsta
hundert zwanzig drei dreihundert
123.300 (Rubel)

zählen

Wenn gezählt wird, steht ras (mal, einmal) oft anstelle von adsịn (eins):

Ras, dwa, try!
mal, zwei, drei
Eins, zwei, drei!

Der Gegenstand, der gezählt wird, muss je nach Zahl in einem entsprechenden Fall stehen:

Zahlwort ...	verlangt den ...
1 (21, 31 ...)	1. Fall Einzahl
2, 3, 4 (22, 23, 24 ...)	1. Fall Mehrzahl
5 bis 20 (25, bis 30 ...)	2. Fall Mehrzahl

adsịn rubjẹl*   **dwa rublị**
eins Rubel(m)   *zwei Rubel(mMz)*
ein Rubel   zwei Rubel

pjaz* rubljọu
fünf Rubel(mMz2)
fünf Rubel

Ordnungszahlen

Ordnungszahlen haben die gleichen Endungen wie Eigenschaftswörter, sie richten sich in Zahl, Geschlecht und Fall nach dem zugehörigen Hauptwort. Hier sind nur die sächlichen Ordnungszahlen angegeben, da diese

wichtig sind für die Datumsangabe. Die
männliche Form wird gebildet, indem die En-
dung -aje durch ein -y ersetzt wird, die weibli-
chen bekommen die Endung -aja.

pjerschaje	erstes
druhoje	zweites
trezjaje	drittes
tschazwjortaje	viertes
pjataje	fünftes
schoßtaje	sechstes
ßjomaje	siebentes
woß*maje	achtes
dsjewjataje	neuntes
dsjeßjataje	zehntes
adsinazzataje	elftes
dwanazzataje	zwölftes
trynazzataje	dreizehntes
tschatyrnazzataje	vierzehntes
pjatnazzataje	fünfzehntes
schaßtnazzataje	sechzehntes
ßjamnazzataje	siebzehntes
waßjemnazzataje	achtzehntes
dsjewjatnazzataje	neunzehntes
dwazzataje	zwanzigstes
dwazzaz* pjerschaje	einundzwanzigstes
dwazzaz* druhoje	zweiundzwanzigstes
dwazzaz* trezjaje	dreiundzwanzigstes
dwazzaz* tschazwjortaje	vierundzwanzigstes
dwazzaz* pjataje	fünfundzwanzigstes
tryzzataje	dreißigstes
tryzzaz* pjerschaje	einunddreißigstes

Miniknigge

Die meisten Menschen in Belarus sind materiell wesentlich schlechter gestellt als Menschen aus Deutschland. So sind zum Beispiel Auslandsreisen für viele schlicht unerschwinglich. Es wirkt nicht besonders gut, damit zu **protzen,** was man sich alles leisten kann. Und natürlich werden durch das Zurschaustellen von teuren Prestigeartikeln, wie z. B. Videokameras, potentielle Diebe ermuntert, sich zu bedienen ...

Besonders Behörden legen nicht viel Wert auf **Pünktlichkeit,** vor allem nicht auf ihre eigene. Es empfiehlt sich deshalb etwas Geduld, auch wenn sich vor Geschäften Warteschlangen bilden.

Auf der anderen Seite stehen Deutsche im Ruf, besonders pünktlich zu sein, man sollte also seine belarussischen Freundinnen und Freunde nicht durch Zuspätkommen verärgern.

Die **traditionelle Rollenverteilung** zwischen Frau und Mann ist in Belarus stärker ausgeprägt als in Deutschland. Das heißt unter anderem, dass im Allgemeinen von Frauen erwartet wird, dass sie sich gut um den Haushalt kümmern, aber auch, dass Männer Frauen gegenüber besonders höflich sein müssen. Dazu gehört zum Beispiel, Frauen schweres Gepäck abzunehmen oder die Tür aufzuhalten.

Kirche Kirchen sollten nicht in kurzen Röcken oder kurzen Hosen betreten werden, Männer müssen ihre Kopfbedeckung abnehmen. In orthodoxen Kirchen sollte man sich bemühen, dem Ikonostas, der großen Bilderwand vor dem Altarraum, nicht den Rücken zuzuwenden. Dies bedeutet Missachtung der Heiligen.

pfeifen Besonders in geschlossenen Räumen gilt es als unhöflich zu pfeifen. Ein Aberglaube besagt, dass dann das Geld verschwindet. Selbst wenn das nicht alle Menschen in Belarus glauben, halten sie sich an das Verbot. Das Gleiche sollte für Gäste aus dem Ausland gelten.

Gesten, Kopfbewegungen Gesten und Kopfbewegungen sind im Allgemeinen ähnlich wie in Deutschland. Spezielle Gesten beim Taxianhalten findet man im entsprechenden Kapitel.

Schnipsen Schnipsen mit Daumen und Zeigefinger an den Hals heißt, dass es im Gespräch in irgendeiner Form um das Alkoholtrinken geht.

Namen & Anrede

Die belarussischen Namen setzen sich, wie die russischen, aus drei Bestandteilen zusammen: Vorname (imja, s), Vatersname (imja pa baz*ku) und Familienname (proswischtscha, s).

Der Vatersname wird gebildet, indem an den Namen des Vaters bei Männern die Endung -awitsch und bei Frauen die Endung -aüna oder -oüna angefügt wird:

Aljax̱andr	z. B. Name des Vaters
Aljax̱andrawitsch (m)/	Vatersname für
Aljax̱andraụna (w)	Männer/Frauen

Wenn Leute heiraten, nimmt die Frau traditionell den Familiennamen des Mannes an. Schon zu sowjetischen Zeiten ist es aber auch normal geworden, dass beide ihren Namen behalten. Die Mütter und Töchter tragen jeweils die weibliche Form des Familiennamens, die Väter und Söhne die männliche.

männliche Endung	weibliche Endung
-aụ oder **-oụ**	**-awa** oder **-owa**
Pjatroụ	**Pjatrọwa**
-in oder **-yn**	**-ina** oder **–yna**
Shọryn	**Shọryna**
-ßki	**-ßkaja**
ßadoụßki	**ßadoụßkaja**

Männliche Familiennamen werden immer gebeugt, weibliche nur, wenn sie auf -a oder -aja enden.

Die höfliche Anrede ist im Belarussischen wy (ihr) mit der entsprechenden Verbform (2. Person Mehrzahl). Genauso spricht man mehrere Menschen an, ganz gleich, ob man diese duzt oder siezt. Nur näher bekannte Menschen duzen sich. Miteinander bekannte Menschen, die sich siezen, reden sich mit Vornamen (imj̱a) und Vatersnamen (imj̱a pa baz*ku) an:

Dọbry dsjen*, Maryja Pjatrọụna!
Guten Tag, Maria Petrowna!

Eine alte belarussische Anredeform wird mittlerweile wieder häufiger benutzt (anstelle der Anrede nach russischen Vorbild mit Namen und Vatersnamen). Sie entspricht dem deutschen „Herr" und „Frau":

ßpadar/ßpadarynja Schmit
Herr/Frau Schmit

Mehrere Personen werden mit ßpadarßtwa (s) angeredet.

Schanoūnaje ßpadarßtwa!
geschätzte(s) Herrschaft(s)
Verehrte Damen und Herren!

Das zu sowjetischen Zeiten verwendete tawarysch (Genosse) für alle (Sowjet-)BürgerInnen wird jetzt fast nur noch von der älteren Generation gebraucht.

Es ist durchaus üblich, Menschen auf der Straße oder im Dienstleistungsbereich mit malady tschalawjek (junger Mann), shantschyna (Frau) oder dsjaūtschyna (Fräulein) anzureden. Dabei gilt es als Kompliment, wenn auch eine Frau, die offensichtlich kein Fräulein mehr ist, mit dsjaūschyna angeredet wird.

Kosenamen

Im Freundes- und Bekanntenkreis werden oftmals Koseformen der Vornamen verwendet, sowohl bei Kindern als auch bei Erwachsenen. Die Vielfalt dieser Formen ist manchmal sehr verwirrend, weil der ursprüngliche Name teilweise nicht mehr zu erkennen ist.

russisch	belarussisch	Koseform(en)
Tatjana	Tazzjana	Tanja, Tan*ka, Tanjetschka ...
Olga	Wol*ha	Wol*ka, Woljetschka ...
Svetlana	ßwjatlana	ßwjeta ...
Valentina	Waljanzina	Walja ...
Sergej	ßjarhjej	ßjarosha ...
Alexandr	Aljaxandr, Aljeß*	ßascha, ßanja, Schura ...
Jurij	Jury, Juraß*	Jura ...
Michail	Michaß*	Mischa, Mischka ...

Viele uns bekannte russische Namen haben andere belarussische Entsprechungen.

Begrüßen & Verabschieden

Bei Begrüßung und Verabschiedung reichen sich Männer für gewöhnlich die Hand, Frauen tun das nur bei besonderen Anlässen. Bei der Begrüßung von guten Freundinnen und Freunden oder Verwandten, die man lange nicht gesehen hat, gibt's schon mal einen oder drei angedeutete Küsse auf die Wange, wobei jeweils die Männer die Frauen küssen und umgekehrt.

Männer küssen einander niemals zur Begrüßung!

Dobraj ranizy! *guter(w2) Morgen(w2)*	Guten Morgen!
Dobry dsjen*! *guter(m) Tag(m)*	Guten Tag!
Dobry wjetschar! *guter(m) Abend(m)*	Guten Abend!

Prywitannje!
Gruß(s)
Hallo! (gute Bekannte und junge Leute)

sich nach dem Befinden erkundigen

Jak ßprawy?
wie Dinge(wMz)
Wie geht's? (gute Bekannte)

Jak (wy) pashywajezje?
wie (ihr) lebt
Wie geht es Ihnen/Euch? (etwas förmlicher)

Jak sdaroùje?
wie Gesundheit(s)
Wie ist Ihre/deine Gesundheit?

Nitschoha.	Es geht.
nichts(2)	
Narmal*na.	Ganz gut.
normal	
Dobra.	Gut.
Zudoùna!	Wunderbar!
Na shal*, kjepska.	Leider schlecht.
auf schade, schlecht	

verabschieden

Da pabatschennja!   **Schtschaßliwa!**
bis Wiedersehen(s2)   *glücklich*
Auf Wiedersehen!   Alles Gute, tschüss!

Mit den folgenden Wendungen verabschieden
sich gute Bekannte:

Pak**u**l*!	Tschüss!
so-lange	
Byw**aj**!/Byw**a**jzje!	Tschüss!
sei!/seid!	
Da s**a**ùtra!	Bis morgen!
Da ß**u**ßtr**e**tschy!	Bis zum nächsten Mal!
bis Treffen(w2)	

Will man deutlich machen, dass man gehen
will, sagt man:

Mnje ùsho par**a**!
mir(3) schon Zeit(w)
Es ist Zeit für mich!

Oft kann man hören:

Prycho**ds*/Prych**o**dszje jaschtsch**e** ras!
komm!/kommt! noch Mal
Besuch/en (Sie) uns wieder!

Sacho**ds*/Sach**o**dszje!
(herein-)komm!/kommt!
Komm/kommt (kommen Sie) doch mal
vorbei!

My abawjasko**wa pr**y**jdsjem jaschtsch**e** ras!
wir unbedingt (hin-)kommen(v) noch Mal
Wir kommen bestimmt wieder!

Bitten, Danken, Wünschen

Eine Bitte leitet man am besten mit der folgenden Floskel ein:

Kali la̱ßka!
wenn Güte(w)
Bitte!

Da̱jzje, kali la̱ßka, adsi̱n bilje̱t!
gebt!, wenn Güte(w), ein(m4) Billett(m4)
Geben Sie mir bitte eine Fahr- (oder Eintritts-)karte!

U mjanje̱ joßz* pro̱ß*ba da waß/zjabje̱.
bei mir(2) ist Bitte(w) bis Euch(2)/dir(2)
Ich habe eine Bitte an Sie/dich.

In vielen Situationen, wo es darum geht, eine Erlaubnis zu bekommen, genügt es einfach zu fragen:

Mo̱shna ...?	**Mo̱shna u̱sjaz*?**
man-darf	*man-darf nehmen*
Darf ich ... .?	Darf ich das nehmen?

Mo̱shna pryßje̱ßzi?
man-darf dazusetzen(v)
Darf ich mich hier hinsetzen?

„Bitte" als Angebot formuliert man mit kali̱ la̱ßka und der Befehlsform.

Kali laßka, ßjadajzje!
wenn Güte(w), setzt!
Bitte, setzen Sie sich!

danken

Dsjakuj!
Dank(m)
Danke!

Wjaliki dsjakuj!
großer(m) Dank(m)
Vielen Dank!

ßardetschny dsjakuj wam!
herzlicher Dank euch(3)
Ihnen (euch) ein herzliches Dankeschön.

Heta zudouna!
dieses wunderbar
Das ist sehr schön!

Antworten auf Danke:

Kali laßka!
wenn Güte(w)
Bitte!

Njama sa schto!
es-gibt-nicht für was
Keine Ursache!

entschuldigen

Wybatschaj / zje!
entschuldige!(uv)/entschuldigt(uv)!
Entschuldigung!

Prabatsch / zje!
entschuldige!(v)/entschuldigt!(v)
Entschuldigung! (Etwas nachdrücklicher)

Daruɪjzje! **Nje kryůduɪj/zje!**
vehrzeiht! *nicht beleidige!/beleidigt!*
Verzeihung! Sei/Seien Sie nicht böse!

Eine vergebende Antwort für ein kleines „Vergehen" könnte sein:

Nitschoha! **Nitschoha ßtraschnaha.**
nichts(2) *nichts(2) schreckliches(2)*
Ist schon gut. Es ist nicht schlimm.

Mit einer Entschuldigung kann man auch eine Frage einleiten:

Prabatschzje, kaḷi ḷaßka, dsje waksaḷ?
entschuldigt!(v), wenn Güte(w), wo Bahnhof?
Entschuldigen sie bitte, wo ist der Bahnhof?

wünschen

Gute Wünsche haben immer, nicht nur zu feierlichen Anlässen, ihren Platz, z. B. beim Verabschieden.

Ußjahọ dọbraha! **Ja shadaju wam/tabje ...**
alles(2) gute(2) *ich wünsche euch(3)/dir(3)*
Alles Gute! Ich wünsche Ihnen/dir ...

ußjahọ najljepschaha	alles Beste
alles(2) Beste(2)	
sdarọüja	Gesundheit
Gesundheit(s2)	
schtschaßzja	Glück
Glück(s2)	
pọßpjechaü	Erfolg
Erfolge(mMz2)	

Ja winschuju waß/zjabje s dnjom naradshennja!

ich gratuliere euch(4)/dich(4) zum Tag Geburt(s2)
Ich gratuliere Ihnen/dir zum Geburtstag!

S nowym hodam!

zum neuen(m5) Jahr(m5)
Alles Gute zum neuen Jahr!

Auf diesen Wunsch kann man antworten mit:

S nowym schtschaßzjem!

zu neuen(s5) Glück(s5)
Ich wünsche neues Glück!

Die offiziellen und inoffiziellen Feiertage sind in Belarus dicht gestreut, wenn man nicht genau weiß (oder aussprechen kann) wie der Feiertag heißt, folgende Gratulation ist immer richtig:

ßa ßwjatam!

zum Feiertag(s5)
Alles Gute zum Feiertag!

Komplimente werden in der Regel schneller als in Deutschland vergeben. Es kann also sehr bald sein, dass man anerkennend hört:

Wy wjel*mi dobra haworyzje pa-bjelarußku!

ihr sehr gut sprecht auf-Belarussisch
Sie sprechen sehr gut Belarussisch!

Vielleicht kann das ein Ansporn sein, nicht unbedingt dick aufgetragene Komplimente zu verteilen, aber den belarussischen Freund-Innen auch ab und zu ein positives Echo zu geben.

Wy wjel*mi haßzinnyja!

ihr sehr gastfreundliche(Mz)

Sie sind sehr gastfreundlich!

Das erste Gespräch

Bei einem ersten Gespräch werden wahrscheinlich Fragen nach Name, Alter, Herkunft und Beruf ausgetauscht.

sich miteinander bekanntmachen

Jak waß/zjabje sawuz*?

wie euch(4)/dich4 (sie-)nennen

Wie heißen Sie/heißt du?

Mjanje sawuz* Natalja.

mich(4) (sie) nennen Natalja

Ich heiße Natalja.

Diese Floskel klingt im Belarussischen nicht so formell wie im Deutschen und wird auch unter jungen Leuten oft verwendet.

Wjel*mi pryjemna, s wami/taboj pasnajomizza!

sehr angenehm, mit euch(5)/dir(5) bekanntmachen-sich(v)

Ich bin sehr erfreut, Sie/dich kennen zu lernen.

Mnje takßama.

mir(3) auch

Ebenfalls.

**Da jakoha tschaßu wy budsjezje/
ty budsjesch tut?**

bis welche(m2) Zeit(m2) ihr werdet/du wirst hier

Bis wann bleiben Sie / bleibst du hier?

Altersangabe

Kol*ki tabje/wam hadoù?

wieviel dir(3)/euch(3) Jahre(mMz2)

Wie alt bist du/Sie?

Mnje tryzzaz* adsin hod.

mir(3) dreißig eins Jahr(m)

Ich bin 31 Jahre alt.

Mnje pjadsjeßjat dwa hady.

mir(3) fünzig zwei Jahre(mMz)

Ich bin 52 Jahre alt.

Mnje dwazzaz* ßjem hadoù.

mir(3) zwanzig sieben Jahre(mMz2)

Ich bin 27 Jahre alt.

*Es gilt als unhöflich,
besonders Frauen nach
dem Alter zu befragen.
Lernt man sich aber
näher kennen, kann
man doch vorsichtig
danach fragen. Auch
Behörden wollen das
Alter oft wissen.*

Herkunft

**Adkul* ty pryjechaù/pryjechala/
wy pryjechali?**

woher du herfuhrst(m)/herfuhrst(w)/ihr herfuhrt

Woher kommst du / kommen Sie?

Ja s Schwejzaryi/Aüßtryi/Hjermanii
ich aus Schweiz(w2)/Österreich(w2)/
Deutschland(w2)
Ich komme aus der Schweiz/Österreich/
Deutschland.

Gefallen/Missfallen

Jak tabje/wam padabajezza ...?
wie dir(3)/euch(3) gefällt-sich
Wie gefällt dir/Ihnen ...?

Mnje wjel*mi padabajezza!
mir(3) sehr gefällt-sich
Mir gefällt es sehr!

Nje dusha.
nicht sehr
Es gefällt mir nicht sehr.

Beruf

Chto ty/wy pa prafjeßii?
wer du/ihr auf Beruf(6)
Was bist du / sind Sie von Beruf?

Ja naßtaünik/naßtaüniza.
ich Lehrer/in
Ich bin Lehrer/in.

Statt „Lehrer" kann man in diesen Satz alle
folgenden Berufsbezeichnungen einsetzen.

ßlushatsch/y (m)/ **-aja** (w)	Angestellte/r
rabotsch/y (m)/**-aja** (w)	Arbeiter/in
bjeßprazoùn/y (m)/ **-aja** (w)	Arbeitslose/r
uratsch (m)	Arzt
pjekar (m)	Bäcker
fjermjer (m)/**-ka** (w)	Bauer/Bäuerin
pjerakladtschy/k (m)/ **-za** (w)	Dolmetscher/in
fatohraf (m)	Fotograf
zyrul*ni/k (m)/**-za** (w)	Friseur/in
bisneßmjen (m)/**-ka** (w)	Geschäftsmann/frau
handljar (m)/**-ka** (w)	Händler/in
ramjeßni/k (m)/**-za** (w)	Handwerker/in
chatnjaja haßpadynja	Hausfrau
inshenjer (m)	Ingenieur
shurnalist (m)/**-ka** (w)	Journalist/in
mjedßjaßtra	Krankenschwester
maßta/k (m)/ **-tschka** (w)	Künstler/in
ßjel*ßki haßpadar	Landwirt
mjenedshar (m)	Manager
adwakat (m)	Rechtsanwalt
pjenßijanjer (m)/**-ka** (w)	Rentner/in
wutschan* (m)/ **wutschaniza** (w)	Schüler/in
ßakratar (m)	Sekretär
ßtudent (m)/**-ka** (w)	Student/in
taxißt (m)	Taxifahrer
ßtaljar (m)	Tischler
pradprymal*ni/k (m)/ **-za** (w)	Unternehmer/in

Während sich im Deutschen langsam auch gleichwertige weibliche Berufsbezeichnungen durchsetzen, gelten im Belarussischen die weiblichen Bezeichnungen oft als abwertend.

Zeit & Datum

Wenn man sich verabreden will, ist es wichtig, sich zeitlich orientieren zu können.

wichtige Zeitangaben

raniza (w)	Morgen
ranizaj	morgens
da abjedu	am Vormittag
bis Mittag(m2)	
paßlja abjedu	am Nachmittag
nach Mittag(m2)	
dsjen* (m)	Tag
u dsjen*	am Tag
wjetschar (m)	Abend
uwjetschary	abends
notsch (w)	Nacht
unatschy, notschu	nachts
utschora	gestern
pasaútschora	vorgestern
ßjonnja	heute
koshny dsjen*	jeden Tag
schtodsjonna	täglich
saútra	morgen
paßljasaútra	übermorgen
saras	jetzt, sofort
zjapjer	jetzt
tschaßta	oft
redka	selten
chutka	bald
rana	früh

ranjej	früher
posna	spät
pasnjej	später

pras dsjen*/tydsjen*/mjeßjaz
über Tag(m4)/Woche(m4)/Monat(m4)
in einem Tag/einer Woche/einem Monat

dwa dni/tydni/mjeßjazy
zwei Tage/Wochen/Monate

pjaz* dsjon/tydnjaů/mjeßjazaů
fünf Tage(m2)/Wochen(m2)/Monate(m2)
fünf Tage/Wochen/Monate

Uhrzeit

Da die umgangssprachlichen Zeitangaben „halb, viertel nach, zehn vor ..." sehr schwierig zu bilden sind, empfiehlt es sich, die genauen Zeitangaben zu benutzen.

Kol*ki tschaßu?
wieviel Zeit(m2)
Wie spät ist es?

In der Umgangssprache wird oft einfach geantwortet:

Saras dwanazzaz* tryzzaz*.
jetzt zwölf dreißig
Es ist jetzt zwölf Uhr dreißig.

*Nach der 1 (21, 41 ...)
folgt der 1. Fall
Einzahl, nach den
Zahlen 2 bis 4 (und
entsprechend auch 22,
53, 84 ...) folgt der
1. Fall Mehrzahl,
und nach den Zahlen
0, 5 bis 20
(25, 46, 79 ...) der
2. Fall Mehrzahl.*

Soll die Antwort ganz korrekt sein, so muss man beachten, dass die Wörter für Stunde (hadsina, w) und Minute (chwilina, w) nach einigen Zahlen gebeugt werden müssen!

nul* hadsin	0 (24) Uhr
adna hadsina	1 Uhr
dswje hadsiny	zwei Uhr
tschatyrnazzaz* hadsin	14 Uhr

Saras dwanazzaz* hadsin tryzzaz* chwilin.
jetzt zwölf Stunden(Mz2) dreißig Minuten(Mz2)
Es ist jetzt zwölf Uhr und dreißig Minuten.

Wochentage

panjadsjelak	Montag
u panjadsjelak	am Montag
aùtorak	Dienstag
u aùtorak	am Dienstag
ßjerada	Mittwoch
u ßjeradu	am Mittwoch
tschazwjer	Donnerstag
u tschazwjer	am Donnerstag
pjatniza	Freitag
u pjatnizu	am Freitag
ßubota	Samstag
u ßubotu	am Samstag
njadsjelja	Sonntag
u njadsjelju	am Sonntag

Jaki ßjonnja dsjen* tydnja?
welcher(m) heute Tag(m) Woche(m2)
Welcher Wochentag ist heute?

ßjonnja pjatniza.

heute Freitag(w)

Heute ist Freitag.

U njadsjelju ja budu ù zjabje.

in Sonntag(w4) ich werde bei dir(2)

Am Sonntag werde ich bei dir sein.

Monatsnamen

Im Folgenden sind von den Monatsnamen drei Formen angegeben: Die Grundform, dann die Form, mit der man auf die Frage u jakim mjeßjazy? („in welchem Monat?") antworten muss. In der dritten Spalte stehen die Monatsnamen im 2. Fall. Diesen braucht man für die Datumsangabe.

Grundform	wann?	2. Fall	
ßtudsjen*	u ßtudsjeni	ßtudsjenja	*Januar*
ljuty	u ljutym	ljutaha	*Februar*
ßakawik	u ßakawiku	ßakawika	*März*
kraßawik	u kraßawiku	kraßawika	*April*
maj (trawjen*)	u mai	maja	*Mai*
tscherwjen*	u tscherwjeni	tscherwjenja	*Juni*
lipjen*	u lipjeni	lipjenja	*Juli*
shniwjen*	u shniùni	shniùnja	*August*
wjeraßjen*	u wjeraßni	wjeraßnja	*September*
kaßtrytschnik	u kaßtry-tschniku	kaßtry-tschnika	*Oktober*
lißtapad	u lißtapadsje	lißtapada	*November*
ßnjeshan*	u ßnjeshni	ßnjeshnja	*Dezember*

Datum

Jakoje ßjonnja tschyßlo?
welches(s) heute Datum(s)
Welches Datum ist heute?

Für die Datumsangabe benötigt man die sächliche Ordnungszahl, der Monat steht im 2. Fall:

Nach ßjonnja *wird die Ordnungszahl nicht im 2. Fall gebeugt.*

ßjonnja tschatyrnazzataje ljutaha.
heute vierzehnter(s) Februar(m2)
Heute ist der 14. Februar.

Ja pryjedu waßjemnazzataha shnjünja.
ich ankomme(v) achtzehnter(s2) August(m2)
Ich komme am 18. August.

Zu Gast sein

Wie überall in Osteuropa sind auch die Menschen in Belarus sehr gastfreundlich. Es ist etwas Besonderes, wenn man Fremde nach Hause einladen kann:

Prychods*/Prychodszje da naß/da mjanje ú hoßzi, saütra úwjetschary!
komm/t bis uns(2)/bis mich(2) in Gäste(Mz4), morgen (am-)Abend
Komm/Kommen Sie zu uns/zu mir morgen Abend zu Gast!

Schto wy budsjezje/ty budsjesch rabiz*
ßjonnja úwjetschary?
was ihr werdet/du wirst machen heute (am-)Abend
Was machen Sie/machst du heute Abend?

Etwas offizieller ist die folgende Einladung:

Sapraschajem waß/zjabje ú hoßzi!
(wir-)einladen euch(4)/dich(4) in Gäste(Mz4)
Wir laden Sie/dich ein!

Dsjakuj sa sapraschennje, ja abawjaskowa
pryjdu!
danke für Einladung(s4), ich unbedingt komme(v)
Danke für die Einladung, ich komme
bestimmt!

Dsjakuj, alje na shal* ja nje smahu.
danke, aber auf schade ich nicht kann(v)
Danke, aber ich kann leider nicht.

Es kommt immer gut an, wenn man ein klei-
nes Geschenk mitbringt. Das kann z. B. Scho-
kolade oder auch Wein sein, Dinge, die in Be-
larus relativ teuer sind.

U naß/mjanje joßz* maljen*ki padarunak
dlja waß/zjabje.
bei uns(2)/mir(2) ist klein(m) Geschenk(m)
für euch(2)/dich(2)
Wir haben/ich habe ein kleines Geschenk
für Sie/dich.

Mit den folgenden Worten bitten die Gast-
geberInnen zu Tisch:

ßjad<u>a</u>jzje, kal<u>i</u> l<u>a</u>ßka!
setzt!, wenn Güte(w)
Setzt euch/setzen Sie sich, bitte!

Tschaßt<u>u</u>jzjeßja!
bedient-euch!
Bedient euch/bedienen Sie sich!

Wenn Gäste aus dem Ausland kommen, ist
das allemal ein Grund, ein großes Essen zu
veranstalten. Ein größeres Festessen läuft
meist wie folgt ab: Begonnen wird mit einem
Toast, einer kleinen Rede zu den erhobenen
Gläsern. Diese sollten danach in einem Zug
ausgetrunken werden. Wer das nicht kann,
soll sich aber dazu nicht zwingen. Nach den
Vorspeisen (z. B. Suppen oder Salaten)
kommt das Hauptgericht, danach vielleicht
noch ein Dessert. Einige Zeit nach dem letz-
ten Gang, wenn sich das Essen etwas gesetzt
hat, gibt es Tee und Kaffee, dazu Kuchen oder
Gebäck.

Das ganze Essen wird **Ja chatsch<u>u</u> ßkas<u>a</u>z* toßt!**
immer wieder von *ich will sagen(v) Toast(m4)*
Toasts unterbrochen. Ich möchte einen Toast sprechen!

Eigentlich gilt die Regel, je länger der Toast,
desto besser. Aber auch mit einem kurzen
Toast kann man viel sagen:

Sa ...	Auf ...
ßjabro̱u̱ßtwa *Freundschaft(s4)*	... die Freundschaft!
sdaro̱u̱je *Gesundheit(s4)*	... die Gesundheit!
ßußtre̱tschu *Treffen(w4)*	... unser Zusammentreffen!
ljubo̱u̱ *Liebe(w4)*	... die Liebe!
waß *euch(Mz4)*	... euch!
haßpadaro̱u̱! *Gastgeber(Mz4)*	... die Gastgeber!

Ein Tipp: Wenn der Teller ganz leer ist, bekommt man garantiert etwas Neues aufgetan – also, wenn man merkt, dass man satt wird, ein klein wenig auf dem Teller zurücklassen!

Ist man schon satt, und es werden immer neue Speisen und Getränke angeboten, kann man Folgendes sagen:

Dsja̱kuj, bylo̱ wje̱l*mi ßma̱tschna, alje ja bol*sch nje smahu̱!

danke, (es-)war sehr schmackhaft, aber ich mehr nicht kann(v)

Danke, es hat sehr gut geschmeckt, aber ich schaffe nicht mehr.

Ein beliebtes Gesprächsthema ist die Familie. Es ist immer schön, wenn man ein paar Fotos zeigen kann.

He̱ta maja̱ ßjam'ja̱.

dieses meine(w) Familie(w)

Das ist meine Familie.

wo̱ßjemdsje̱ßjat dsje̱wjaz* | 89

maja shonka	meine Frau
moj mush	mein Mann
maja datschka	meine Tochter
moj ßyn	mein Sohn
maja ßjabroùka	meine Freundin
moj ßjabar	mein Freund
babulja (w)	Oma
dsjadulja (m)	Opa
unutschka (w)	Enkelin
unuk (m)	Enkel
zjotka (w)	Tante
dsjads*ka (m)	Onkel
pljamjenniza (w)	Nichte
pljamjennik (m)	Neffe

Maja ßjabroùka/moj ßjabar (mein Freund/meine Freundin) bedeutet nicht wie im Deutschen „meine Partnerin/mein Partner", dazu benötigt man die folgenden Wendungen:

Heta maja dsjaùtschyna.
dieses mein(w) Mädchen(w)
Das ist meine Freundin (Partnerin).

Heta moj chlopjez.
dieses mein(m) Bursche(m)
Das ist mein Freund (Partner).

Frauen sagen:

Ja (nje) samusham.
ich (nicht) verheiratet(w)
Ich bin (nicht) verheiratet.

Männer sagen:

Ja (nje) shanaty.
ich (nicht) verheiratet(m)
Ich bin (nicht) verheiratet.

Ja chalaßty.
ich Junggeselle(m)
Ich bin ledig.

U waß joßz* dsjezi/brat i ßjaßtra?
bei euch(2) es-gibt Kinder/Bruder und Schwester
Haben Sie Kinder/Geschwister?

Thema Krieg & Tschernobyl

Bei einem intensiveren Gespräch werden Sie wahrscheinlich auch auf das Thema Krieg zu sprechen kommen. Es gibt praktisch keine Familie, die während des Zweiten Weltkrieges keine Angehörigen verloren hat.

Treba hawaryz* pra wajnu, kab takoje nje paútarylaßja.
man-muss sprechen über Krieg(w4), damit solches(s) nicht wiederholte-sich(v)
Man muss über den Krieg sprechen, damit sich so etwas nicht wiederholt.

Schto rabila wascha/twaja ßjam'ja pad tschaß wajny?
was machte eure(w)/deine(w) Familie(w) unter Zeit(m4) Krieg(w2)
Was hat Ihre/deine Familie während des Krieges gemacht?

Zi ty wjedajesch /wy wjedajezje kaho-nje-buds*, chto byù na prymußowaj prazy?

ob du kennst/ihr kennt jemand(4)-beliebigen, der war auf erzwungener(w6) Arbeit(w6)

Kennst du/kennen Sie jemanden, der Zwangsarbeit verrichten musste?

Jakija pomniki wajny * tut joßz*?

welche Denkmäler(mMz) Krieg(w2) hier es-gibt

Welche Denkmäler vom Krieg gibt es hier?

wajna (w)	Krieg
palonn/y (m)/**-aja** (w)	Gefangene/r
kanzlahjer (m)	Konzentrationslager
prymußowaja praza (w)	Zwangsarbeit
kampjenßazyja (w)	Entschädigung
nazißt	Nazi
kanjez wajny (m)	Kriegsende
Ende(m) Krieg(w2)	
pjeramoha (w)	Sieg
pomnik (m)	Denkmal
mohilki (wMz)	Friedhof
prymirennje (s)	Versöhnung
mir (m)	Frieden

Folgende Sätze helfen, mit den von der Tschernobyl-Katastrophe betroffenen Menschen über ihre Probleme zu reden.

Jak tscharnobyl*ßkaja kataßtrofa smjanila twajo/wascha shyzzjo?

wie Tschernobyler(w) Katastrophe(w) veränder-te(V) dein(s4)/ihr(s4) Leben(s4)

Wie hat die Katastrophe von Tschernobyl dein/Ihr Leben verändert?

Tabje/wam dapamahaje bjelarußkaja dsjarshawa?

dir(3)/euch(3) hilft belarussischer(w) Staat(4)

Bekommst du/Sie Hilfe vom belarussischen Staat?

Chto atrymliwaje humanitarnuju dapamohu?

wer bekommt humanitäre(w4) Hilfe(w4)

Wer bekommt humanitäre Hilfe?

Tscharnobyl* (m)	Tschernobyl
awaryja na a-eß	Havarie im Kernkraftwerk
radyjazyja (w)	Radioaktivität
atamnaja enjerhija (w)	Atomenergie
atrutschanaja sona (w)	verstrahlte (vergiftete) Zone
likwidatar (m)	Liquidator
pjeraßjaljenjez (m)	Umsiedler
humanitarnaja dapamoha (w)	Humanitäre Hilfe

Als „Liquidator"
wird jemand
bezeichnet, der an
der Beseitigung der
direkten Folgen des
Unglücks beteiligt war.

Liebesgeflüster

Die Menschen in Belarus sind Gästen aus dem Westen gegenüber im Allgemeinen sehr aufgeschlossen. Und so können auch hier Amors Pfeile durchaus ihre Wirkung tun.

Ty mnje padab<u>a</u>jeßja.	**Ja zjabj<u>e</u> kach<u>a</u>ju.**
du mir(3) gefällst-sich	*ich dich(2) liebe*
Ich mag dich.	Ich liebe dich.

любоў	Liebe (allgemein)
ljub<u>oŭ</u> (w)	
каханне	Liebe (zwischen
kach<u>annje</u> (s)	Frauen u. Männern)
flirt (m)	Flirt
flirt/aw<u>az</u>* (-<u>uju</u>) (lb)	flirten
pazal<u>u</u>nak (m)	Kuss
zal/aw<u>az</u>* (-<u>uju</u>) (lb)	küssen
прэзерватыў	Präservativ
presj<u>e</u>rwat<u>yŭ</u> (m)	
супрацьзачаткавы	Empfängnis-
сродак	verhütungsmittel
ßupraz*satsch<u>a</u>tkawy	
ßr<u>o</u>dak	
gegenempfängnis(m) Mittel(m)	
СНІД	AIDS
ßNID (m)	

Ch<u>o</u>tschasch pjeraßp<u>az</u>* ßa mnoj?
(du-)willst überschlafen(v) mit mir(5)
Willst du mit mir schlafen?

U mjanje joßz* presjerwatyú.

bei mir(2) ist Präservativ(m)

Ich habe ein Präservativ.

Wird frau dumm angemacht, dann ist es wichtig, dass sie rechtzeitig und energisch klare Grenzen zieht und das deutlich zum Ausdruck bringt.

Nje pryßtawajzje da mjanje!

nicht belästigt! nach mich(2)

Belästigen Sie mich nicht!

Pakin* mjanje ú ßpakoi! Nje tschapaj mjanje!

lass! mich(4) in Ruhe(m6) nicht anfass! mich(4)

Lass mich in Ruhe!   Fass mich nicht an!

Unterwegs

In den Städten lässt sich fast jeder Platz kostengünsig mit öffentlichen Verkehrsmitteln erreichen. Dabei ist zu beachten, dass diese nicht immer pünktlich und zu bestimmten Zeiten sehr überfüllt sind. In den größeren Städten fahren die öffentlichen Verkehrsmittel theoretisch bis ein Uhr nachts, man sollte aber einplanen, dass der letzte und vorletzte Bus auch mal ausfallen können …

in der Stadt

Як дабрацца да аўтавакзала?
Jak dabrazza da aútawaksala?
wie hinkommen(v) bis Busbahnhof(m2)
Wie kommt man zum Busbahnhof?

Ідзіце прама да скрыжавання!
Idsizje prama da ßkryshawannja!
geht!(b) gerade bis Kreuzung(s2)
Gehen Sie geradeaus bis zur Kreuzung!

In der Umschlag- Потым налева/направа.
klappe finden Sie **Potym naljewa/naprawa.**
alle wichtigen *dann nach-links/nach-rechts*
Richtungshinweise. Dann nach links/nach rechts.

Ці далёка да касцёла?
Zi daljoka da kaßzjola?
ob weit bis (katholische-)Kirche(m2)
Ist es weit bis zur katholischen Kirche?

Ziele in der Stadt

вуліца	**wuliza** (w)	Straße
завулак	**sawulak** (m)	Gasse
праспект	**praßpjekt** (m)	große Straße
скрыжа-ванне	**ßkryshawannje** (s)	Kreuzung
святлафор	**ßwjatlafor** (m)	Ampel
плошча	**ploschtscha** (w)	Platz
дарога	**daroha** (w)	Weg, Straße

мост	**moßt** (m)	Brücke
славутасць	**ßlawutaßz*** (w)	Sehenswür-digkeit
царква	**zarkwa** (w)	Kirche (v. a. orthodoxe)
касцёл	**kaßzjol** (m)	katholische Kirche
сабор	**ßabor** (m)	Kathedrale
палац	**palaz** (m)	Palast
палац культуры	**palaz kul*tury** *Palast(m) Kultur(w2)*	Kulturpalast
ікона	**ikona** (w)	Ikone
музей	**musjej** (m)	Museum
парк	**park** (m)	Park
замак	**samak** (m)	Schloss
крэпасць	**krepaßz*** (w)	Festung
план горада	**plan horada** *Plan(m) Stadt(m2)*	Stadtplan

Калі ласка, пакажыце гэта на карце!
Kali laßka, pakashyzje heta na karzje!
wenn Güte(w), zeigt! dieses auf Karte(w6)
Zeigen Sie das bitte auf der Karte!

mit städtischen Verkehrsmitteln

Bisher gibt es nur in Minsk eine Metro, diese ist sehr zuverlässig und schnell. Die Metrostationen kann man an einem großen „M" am Eingang erkennen. Zum Eingang benötigt man einen Chip (sheton), der in eine automatische Schranke eingeworfen wird.

метро	**metro** (s)	U-Bahn
уваход	**uwachod** (m)	Eingang
выхад	**wychad** (m)	Ausgang
аўтобус	**aútobuß** (m)	Bus
тралейбус	**traljejbus** (m)	O-Bus
трамвай	**tramwaj** (m)	Straßenbahn
таксі	**taxi** (s)	Taxi
маршрутнае таксі	**marschrutnaje taxi** (s)	Routentaxi
прыпынак	**prypynak** (m)	Haltestelle

Neben dem preislichen Vorteil bei Dauerkarten entfällt dabei auch das lästige Entwerten in den überfüllten Verkehrsmitteln.

Die Fahrkarten (biljet, talon) für Bus, O-Bus, Straßenbahn gibt es an Kiosken in der Nähe von Haltestellen, diese müssen dann im Verkehrsmittel gelocht werden. Nicht in allen Städten können die Fahrkarten beim Fahrer gekauft werden. Es gibt Dauerkarten (prajasny biljet) für einen Monat oder zehn Tage (eine Dekade). Es sind alle Transportmittel abgebildet, für die sie gültig sind.

Kali laßka, dwa shetony/scheßz* talonaú!
wenn Güte(w), zwei Chips(mMz)/sechs Talons(mMz2)
2 Chips für die U-Bahn/6 Fahrkarten, bitte!

Kali laßka, dajze adsin prajasny biljet na shniwjen*/na hetuju dekadu!
wenn Güte(w), gebt!(v) ein(m4) Fahrt-(m4) Billett(m4) auf August(m)/auf diese(w4) Dekade(w4)
Bitte geben Sie eine Dauerkarte für August/für diese Dekade!

Kol*ki prypynkaù budsje jaschtsche da waksala/da wulizy ...?

wieviel Haltestellen(mMz2) (es-)wird noch bis Bahnhof(m2)/bis Straße(w2)

Wie viele Haltestellen sind es noch bis zum Bahnhof/bis zur ...-Straße?

Sollte es im Bus oder in der Straßenbahn sehr voll sein, kann man mit folgender Frage darauf aufmerksam machen, dass man aussteigen will:

Wy wychodsizje?

ihr aussteigt

Steigen Sie aus?

mit dem Taxi

Aus Sicherheitsgründen sollte man nur mit Taxis fahren, die ein Taxizeichen tragen (meist ein „**T**", oder die Aufschrift TAKCI).

In Taxis kann man an speziellen Taxiständen einsteigen, aber auch am Straßenrand kann man sie anhalten. Dazu hält man den Arm waagerecht ausgestreckt. Die offiziellen Taxis haben meistens ein Taxameter, wenn das nicht funktioniert, ist der Preis Verhandlungsbasis. Das Beste ist, den Preis schon vor Fahrtbeginn abzusprechen.

Da wulizy Janki Kupaly.

bis Straße(w2) Janka(m2) Kupala(m2)

Zur Janka-Kupala-Straße.

Kol*ki heta kaschtuje?
wieviel dieses kostet
Wie viel wird das kosten?

ßpynizjeßja, kali laßka!
anhaltet-sich!, wenn Güte(w)
Bitte halten Sie an!

Wesentlich kostengünstiger als das Taxi, aber schneller als Bus und Straßenbahn, sind die Routentaxis (marschrutnaje taxi). Diese fahren bestimmte Routen ab, auf denen die Klein-busse angehalten werden können. Die Route ist mit großen Buchstaben angeschrieben, der Preis ist, egal wo man einsteigt, immer gleich.

Kol*ki kaschtuje?
wieviel (es-)kostet
Wie viel kostet es?

Kali laßka, ßpynizjeßja kalja ßwjatlafora!
wenn Güte(w), anhaltet-sich! bei Ampel(m2)
Halten Sie bitte an der Ampel an.

mit der Eisenbahn

Das bequemste öffentliche Verkehrsmittel in-nerhalb von Belarus ist wohl die Eisenbahn. In alle größeren Städte gibt es von der Haupt-stadt Minsk aus direkte Verbindungen. Da die Bahn langsamer fährt als im Westen und zum Teil (besonders bei Verbindungen in andere GUS-Länder) sehr lange Strecken zurückge-

legt werden, gibt es nur Schlafwagen. Es gibt
zwei Arten von Waggons: In den einen sind
geschlossene Abteile mit jeweils vier Betten,
die anderen haben offene Abteile. Fahrkarten
werden in drei Kategorien verkauft:

купэ **kupe** *Kupee(s)*	Fahrkarte mit Bettplatz im geschlossenen Abteil	*In jedem Waggon gibt es einen Schaffner (prawadnik) oder eine Schaffnerin (prawadniza), die die Bettwäsche austeilen und Tee kochen.*
плацкартны вагон **plazkartny wahon** *Platzkarten(m) Waggon(m)*	Fahrkarte mit Bettplatz im offenen Abteil	
агульны вагон **ahul*ny wahon** *allgemeiner(m) Waggon(m)*	Fahrkarte mit Angabe des Waggons, aber ohne Bettplatz im offenen Abteil	

In kleinere Orte kommt man mit einem Vor-
ortzug (pryharadny pojesd). In der Umgangs-
sprache heißen diese Züge je nach Antriebsart
eljektrytschka oder dysjel* (Dieselzug). Diese fah-
ren zum Teil auch über lange Strecken (7-8
Stunden), sind dabei natürlich viel langsamer
als die normalen Züge. Eine Fahrt mit der
eljektrytschka lohnt sich schon deshalb, weil
man dabei sehr gut Landschaft und Leute stu-
dieren kann. Wissen sollte man, dass es in die-
sen Zügen entweder keine Toiletten gibt oder
sie in einem sehr schlechten Zustand sind.
Auf längeren Fahrten darf man dann eben
nicht so viel trinken oder muss auf einen län-
geren Aufenthalt hoffen ...

*Die Züge und die
Waggons sind nach
ihrer Strecke benannt,
z. B.:*
Мінск – Кіеў
(Mińßk – Kijeŭ
Minsk – Kiew)

чыгунка	Eisenbahn
tschyhunka (w)	
вакзал	Bahnhof
waksal (m)	
чыгуначны вакзал	Bahnhof der
tschyhunatschny	Eisenbahn
waksal (m)	
цягнік	Zug
zjahnik (m)	
спальны вагон	Schlafwagen
ßpal*ny wahon (m)	
вагон-рэстаран	Speisewagen
wahon-restaran (m)	
хуткі цягнік	Schnellzug
chutki zjahnik (m)	
багаж	Gepäck
bahash (m)	
камера захоўвання	Gepäckaufbe-
kamjera	wahrung
sachoůwannja (w)	
бюро даведак	Auskunftsbüro
bjuro dawjedak (s)	
расклад цягнікоў	Zugfahrplan
raßklad zjahnikoů (m)	
прыбыццё	Ankunft
prybyzzjo (s)	
адпраўленне	Abfahrt
adpraůljennje (s)	
платформа / пуць	Gleis/Bahnsteig
platforma (w)/**puz*** (m)	

Fahrkarten zu kaufen ist oft umständlich, es gibt verschiedene Kassen für nationale, inter-

nationale und Vorortzüge. Zu allem Über-
fluss sind die Kassen, an denen man Fahrkar-
ten vor dem Abreisetag kaufen kann, manch-
mal nicht in der Nähe des Bahnhofs.

Дзе знаходзіцца ...?
dsje snach<u>o</u>dsizza ...?
wo befindet-sich
Wo befindet sich ...?

міжгародняя каса	die Kasse für
mishhar<u>o</u>dnjaja ka<u>ß</u>a	Fernzüge
zwischenstädtische(w)	
Kasse(w)	
міжнародная каса	die Kasse für
mishnar<u>o</u>dnaja ka<u>ß</u>a	internationale Züge
internationale(w)	
Kasse(w)	
прыгарадная каса	die Kasse für
pryharadnaja ka<u>ß</u>a	für Vorortzüge
Vorort-(w) Kasse(w)	

Колькі каштуе білет да ...?
K<u>o</u>l*ki kascht<u>u</u>je bilj<u>e</u>t da ...? (+2)
wieviel kostet Fahrkarte(m) bis
Wie viel kostet eine Fahrkarte nach ...?

Калі ласка, адзін білет туды і назад да ...
kal<u>i</u> la<u>ß</u>ka, ads<u>i</u>n bilj<u>e</u>t tud<u>y</u> i nas<u>a</u>d da ... (+2)
*wenn Güte(w), ein Billett(m4) hin und zurück
bis*
Bitte eine Rückfahrkarte nach ...

Es empfiehlt sich nicht, für längere Strecken eine Fahrkarte ohne Bettkarte (Kategorien s. o.) zu kaufen: Es kann sein, dass der Zug sehr voll wird, dann müssen bis zu drei Personen auf einem Bett sitzen – was nicht sehr angenehm ist, wenn man die ganze Nacht fährt.

Калі ад'язджае цягнік Мінск–Брэст?
Kali ad'jashdshaje zjahnik Minßk–Breßt?
wann abfährt Zug Minsk–Brest
Wann fährt der Zug Minsk–Brest ab?

Гэта прамы цягнік, або з перасадкай?
Heta pramy zjahnik, abo s pjeraßadkaj?
dieses gerader(m) Zug(m), oder mit Umsetzen(w5)
Ist das ein direkter Zug, oder muss man umsteigen?

Цягнік спазняецца?
Zjahnik ßpasnjajezza?
Zug(m) verspätet-sich
Verspätet sich der Zug?

Колькі гадзін мы едзем да ...?
Kol*ki hadsin my jedsjem da ...? (+2)
wieviel Stunden(wMz2) wir fahren bis
Wie lange fahren wir bis nach ...?

Колькі прыпынкаў будзе да ...?
Kol*ki prypynkaú budsje da ...? (+2)
wieviel Haltestellen(mMz2) es-wird bis
Wie viele Stationen sind es bis ...?

Дзе праваднік?
Dsje prawadnik?
wo Schaffner
Wo ist der Schaffner?

Калі ласка, апусціце/падыміце палііцу!
Kali laßka, apußzizje/padymizje palizu!
wenn Güte(w), senkt!(v)/anhebt!(v) Fach(w4)
Bitte lassen Sie das Bett herunter/klappen Sie
es hoch!

In den Schlafwagen
sind jeweils zwei
Betten übereinander,
das obere kann
tagsüber vom/von der
SchaffnerIn hoch-
und abends wieder
heruntergeklappt
werden.

Der Schaffner/die Schaffnerin kocht den Tee:

Можна гарбату?
Moshna harbatu?
man-kann Tee(w4)
Kann man Tee
bekommen?

Гарбата будзе?
Harbata budsje?
Tee(w) wird
Wird es Tee geben?

Дайце, калі ласка, бялізну!
Dajzje, kali laßka, bjalisnu!
gebt!, wenn Güte(w), Bettwäsche(w4)
Bitte geben Sie die Bettwäsche.

Я хачу іншую бялізну!
Ja chatschu inschuju bjalisnu!
ich will andere(w4) Bettwäsche
Ich möchte andere Bettwäsche!

Я хачу іншае месца!
Ja chatschu inschaje mjeßza!
ich will anderen(s4) Platz(s4)
Ich möchte einen anderen Platz!

Мне холадна.
Mnje choladna.
mir(3) kalt
Mir ist kalt.

Можна яшчэ адну коўдру?
Moshna jaschtsche adnu koùdru?
man-kann noch eine(w4) Decke(w4)
Kann ich noch eine Decke bekommen?

Можна адчыніць/зачыніць дзверы/акно?
Moshna adtschyniz*/satschyniz*
dswjery/akno?
man-kann öffnen(v)/schließen(v)
Türen(wMz)/Fenster(s)
Darf ich die Tür/das Fenster
schließen/öffnen?

mit dem Bus

*In größeren Städten
fähren die Busse
in verschiedene
Richtungen auch von
verschiedenen
Busbahnhöfen ab.*

Mit Überlandbussen kann man fast jeden
Winkel in Belarus erreichen, wenigstens
mehrmals in der Woche ... Dabei muss man –
besonders am Wochenende, wenn alle auf die
Datscha, ins Wochenendhaus, fahren – darauf
gefasst sein, dass es sehr voll wird, und man
eventuell vom Bus nicht mitgenommen wird.

З якога аўтавакзала едзе аўтобус да ...?
S jakoha aùtawaksala jedsje aùtobuß da ...?
(+2)
von welcher(m2) Busbahnhof(m2) fährt Bus bis
Von welchem Busbahnhof fährt der Bus
nach ... ab?

цэнтральны аўтавакзал	zentraler
zentral*ny aùtawaksal (m)	Busbahnhof
усходні аўтавакзал	westlicher
ußchodni aùtawaksal (m)	Busbahnhof
заходні аўтавакзал	östlicher
sachodni aùtawaksal (m)	Busbahnhof
паўночны аўтавакзал	nördlicher
paùnotschny aùtawaksal (m)	Busbahnhof
паўднёвы аўтавакзал	südlicher
paùdnjowy aùtawaksal (m)	Busbahnhof

Zi hety aùtobuß ßpynjajezza u ...? (+6)

ob dieser Bus hält in

Hält dieser Bus in ...?

mit dem Auto

Über die Sicherheit auf den Straßen in Mittelosteuropa sind die wildesten Gerüchte im Umlauf. Mit westlichen Nummernschildern ist man jedoch vor Schutzgelderpressern (reket, m) relativ sicher. Dagegen ist die Wahrscheinlichkeit, dass Autos mit Transitkennzeichen angehalten werden, wesentlich höher. Dann bleibt nichts anderes übrig, als die Forderungen der Erpresser zu erfüllen. Vielleicht bekommt man ja von einer Versicherung etwas ersetzt ...

Eine weitere Unannehmlichkeit sind die langen Warteschlangen an der polnisch-belarussischen Grenze.

Vom Zoll werden die Daten des Wagens (Nummer des Motors und des Gestells) genau

Ein verbreitetes „Business" ist es, sich in die Warteschlangen vor der Grenze zu stellen, um dann den Platz zu verkaufen. Hier liegt es im persönlichen Ermessen jedes Einzelnen, sich auf solch ein „Geschäft" einzulassen und vielleicht ein paar Stunden zu sparen oder lieber zu warten.

aufgenommen und in der Zolldeklaration festgehalten. Bei der Ausreise müssen dann dieselben Teile wieder ausgeführt werden.

In der Stadt sollten Autos nachts nur auf einem bewachten Parkplatz (platnaja ßtajanka, m) abgestellt werden. Solche Parkplätze gibt es in den meisten Wohngebieten, nur sind sie oft überfüllt. Auf dem Dorf ist es natürlich das Beste, Sie stellen das Auto in einen Innenhof, hinter ein abschließbares Tor.

Zu manchen Zeiten besteht Benzinknappheit, im Allgemeinen hat das Benzin keine gute Qualität. Als Sortenangabe dienen die Oktanzahlen.

бензін/без свінцу **bjensin/bjes ßwinzu** *Benzin (m)/ohne Blei(m2)*	Benzin/unverbleit
дызельнае паліва **dysel*naje paliwa** *Diesel-(s) Treibstoff(s)*	Dieseltreibstoff
бензакалонка **bjensakalonka** (w)	Tanksäule/Tankstelle
запраўка **sapraůka** (w)	Tankstelle
платная стаянка **platnaja ßtajanka** *kostenpflichtiger(w) Rastplatz(w)*	(meist) bewachter, kostenpflichtiger Parkplatz
паркавацца **park/awazza (-ujußja, -ujeßja, -ujezza)** (lb) *parken-sich*	parken

Dsje tut platnaja ßtajanka?
wo hier zahlpflichtiger(w) Rastplatz(w)
Wo gibt es hier einen bewachten Parkplatz?

U waß joßz* jaschtsche mjeßza?
bei euch ist noch Platz(s)
Haben Sie noch Platz?

Kol*ki kilamjetraù da Minßka?
wieviel Kilometer(mMz2) bis Minsk(m2)
Wie viele Kilometer sind es noch bis Minsk?

Kudy idsje heta daroha?
wohin geht dieser(w) Weg(w)
Wohin führt dieser Weg?

An allen Ausfahrten der größeren Städte gibt
es bewaffnete Posten der „Staatlichen Autoin-
spektion". Sollte man dort oder von einem
Auto der Inspektion angehalten werden, emp-
fiehlt es sich, die Papiere vorzuzeigen und al-
len Anweisungen zu folgen. So erspart man
sich größeren Ärger.

ДАІ	**DAI**	(auf Belarussisch, Abk. für:)
dsjarshaùnaja aùtainßpjekzyja (m)		
ГАИ	**GAI**	(auf Russisch, Abk. für:)
goßudarßtwjennaja awtoinßpjekzija (m)		

*Die Posten und die
Autos tragen diese
Aufschriften.*

Panne/Reparatur

Мая машына зламалася.
Maja maschyna slamalaßja.
mein Auto(w) ging-kaputt-sich(w)
Mein Auto hat eine Panne.

рамонт **ram<u>o</u>nt** (m)	Reparatur
тэрміновы рамонт **termin<u>o</u>wy ram<u>o</u>nt** *eilige(m) Reparatur(m)*	Schnellreparatur
паветра **pawj<u>e</u>tra** (s)	Luft
масла **m<u>a</u>ßla** (s)	Öl
дыстыляваная вада **dyßtyljaw<u>a</u>naja wad<u>a</u>** (w)	destilliertes Wasser
шына **sch<u>y</u>na** (w)	Reifen
буксіровачны трос **buxir<u>o</u>watschny tr<u>o</u>ß** (m)	Abschleppseil
запчастка **saptsch<u>a</u>ßtka** (w)	Ersatzteil
аўтамайстэрня **aŭtamajst<u>e</u>rnja** (w)	Autowerkstatt
міліцыя **mil<u>i</u>zyja** (w)	Polizei
міліцыянер **milizyjanj<u>e</u>r** (m)	Polizist
дарога **dar<u>o</u>ha** (w)	Weg, Straße
шлях **schlj<u>a</u>ch** (m)	größerer Weg, Straße
траса **tr<u>a</u>ßa** (w)	Autotrasse (eine Art Autobahn)
страхоўка **ßtrach<u>oŭ</u>ka** (w)	Versicherung

Колькі каштуе рамонт?
Kol*ki kaschtuje ramont?
wieviel kostet Reperatur(m)
Wie viel kostet die Reperatur?

Калі можна забраць машыну?
Kali moschna sabraz* maschynu?
wann man-kann mitnehmen(v) Auto(w4)
Wann kann man das Auto abholen?

Калі ласка, дапамажыце змяніць кола!
Kali laßka, dapamashyzje smjaniz* kola!
wenn Güte(w), helft! auswechseln(v) Rad(s4)
Bitte helfen Sie, das Rad zu wechseln!

Калі ласка, дапамажыце накачаць шыну!
Kali laßka, dapamashyzje nakatschaz* schynu!
wenn Güte(w), helft! aufpumpen Reifen(w4)
Bitte helfen Sie, den Reifen aufzupumpen!

mit dem Flugzeug

Der internationale Flughafen Minsk Nr. 2 ist etwa 30 Kilometer von der Stadt entfernt. Von dort gibt es tagsüber stündliche Busverbindungen in die Stadt, aber auch Taxis. Vom Flughafen Nr. 1 gehen Inlandsflüge ab.

Die Zahl der Inlandsflüge ist in den letzten Jahren ziemlich gesunken.

АЭРАПОРТ
a-eraport (m)   Flughafen

ßamaljot (m)	Flugzeug
biljet (m) **na ßamaljot**	Flugticket
Billett(m) auf Flugzeug(m4)	
ßzjuardeßa (w)	Flugbegleiterin
rejß (m)	Fluglinie
lja/zjez* (-tschu, **-zisch, -ziz*)** (IIb)	fliegen
wyljata/z* (Ia)	abfliegen
pryljata/z* (Ia)	landen

Jak dabrazza da a-eraporta/da Minßka?

wie hinkommen-sich(v) bis Flughafen(m2)/bis Minsk(m2)

Wie kommt man zum Flughafen/nach Minsk?

---

per Anhalter

Auf dem Lande, dort, wo selten oder nie ein Bus hinfährt, ist es normal, per Anhalter zu fahren. Dabei muss man gewöhnlich etwas Geld zu den Benzinkosten beisteuern.

Per Anhalter zu fahren ist auf eine gewisse Art wie (Schwarz-)Taxi fahren. Wie auch beim Anhalten eines Taxis wird dabei der Arm gerade zur Straße hin ausgestreckt.

halaß/awaz* (-uju, -ujesch) (Ib) trampen
abstimmen

Mnje treba da ... (+2)	**Kudy wy jedsjezje?**
mir man-braucht bis	*wohin ihr fahrt*
Ich muss nach ...	Wohin fahren Sie?
Kol*ki s mjanje?	
wieviel von mir(2)	
Wie viel soll ich bezahlen?	

Übernachten

Da die belarussischen FreundInnen oft sehr beengt wohnen, empfiehlt es sich, im Hotel zu übernachten. Leider wird der Unterschied zwischen Preis und Niveau, je weiter man in die Provinz kommt, immer größer.

гасцініца/гатэль	Hotel
haßziniza (w)/**hatel*** (m)	
нумар	Hotelzimmer
numar (m)	
паверх	Etage
pawjerch (m)	
адміністрацыя	Administration,
adminißtrazyja (w)	Rezeption
броня	Reservierung
bronja (w)	
ключ	Schlüssel
kljutsch (m)	
пропуск	Einlassschein
propußk (m)	
ложак	Bett
loshak (m)	
коўдра	Decke
koudra (w)	
лямпа	Lampe
ljampa (w)	

Den Einlassschein muss man vorzeigen, wenn man die Schlüssel an der Rezeption abholt bzw. ins Hotel will.

U waß joßz* wol*nyja numary?
bei euch ist freie(mMz) Hotelzimmer(mMz)
Haben Sie freie Zimmer?

Ja sabranirawaŭ/sabranirawala adnamjeßny/dwuchmjeßny numar.
ich bestellte(m)/bestellte(w) ein-Platz(m4)/ zwei-Platz(m4) Hotelzimmer(m4)
Ich habe ein Ein-/Zweibettzimmer bestellt.

Ja chatschu saßtazza ...
ich will bleiben-sich(v)
Ich möchte ... bleiben.

adsin dsjen* *ein Tag(m)*	einen Tag
dwa dni *zwei Tage(mMz)*	zwei Tage
pjaz* dsjon *fünf Tage(mMz2)*	fünf Tage

U numary joßz* ...?
in Zimmer(m6) ist
Gibt es im Zimmer ...?

тэлефон **teljefon** (m)	Telefon
тэлевізар **teljewisar** (m)	Fernseher
халадзільнік **chaladsil*nik** (m)	Kühlschrank
душ **dusch** (m)	Dusche
ванна **wanna** (w)	Badewanne

Kol*ki kaschtuje numar?

wieviel kostet Hotelzimmer(m4)

Wie viel kostet ein Zimmer?

U maim numary nje prazuje ...

in meinem(m6) Hotelzimmer(m6) nicht arbeitet

In meinem Zimmer funktioniert ... nicht.

ßwjatlo (s)	das Licht
kran (m)	der Wasserhahn
dusch (m)	die Dusche

Ja chatschu ...

ich will

Ich möchte ...

inschy numar	ein anderes Zimmer
anderes(m4) Hotelzimmer(m4)	
rutschnik (m4)	ein Handtuch
zjopluju koùdru	eine warme Decke
warme(w4) Decke(w4)	
paduschku	ein Kopfkissen
Kopfkissen(w4)	

Dajzje, kali laßka, moj rachunak!

gebt!(v), wenn Güte(w), meine(m4) Rechnung(m4)

Geben Sie mir bitte meine Rechnung!

Ja ßjonnja/saùtra ad'jashdshaju.

ich heute/morgen abfahre

Ich reise heute/morgen ab.

Im Auskunftsbüro (bjur<u>o</u> dawj<u>e</u>dak, s) kann man erfahren, welche anderen Übernachtungsmöglichkeiten bestehen.

Oftmals ist es **Ja chatsch<u>u</u> sdym<u>a</u>z***
günstiger, eine **adnapakaj<u>o</u>wuju/dwuchpakaj<u>o</u>wuju kwat<u>e</u>ru**
Wohnung zu **na dsj<u>e</u>ßjaz* dsjon.**
mieten als im *ich will mieten(v)*
Hotel zu wohnen, *Einraum-/Zweiraum- Wohnung(w4)*
auch wenn man *auf zehn Tage(mMz2)*
nur wenige Tage Ich möchte für zehn Tage eine Einzimmer-/
bleiben möchte. Zweizimmerwohnung mieten.

**Dsje m<u>o</u>shna paßt<u>a</u>wiz* pal<u>a</u>tku/
ßpal*ny furh<u>o</u>n?**
wo man-kann aufstellen(v) Zelt(w4)/
Wohn- Wagen(m4)
Wo kann man ein Zelt/einen Wohnwagen aufstellen?

кемпінг	Campingplatz
kj<u>e</u>mpinh (m)	
турбаза	einfache Herberge
turb<u>a</u>sa (w)	
стаянка	Parkplatz
ßtaj<u>a</u>nka (w)	
спальны мяшок	Schlafsack
ßpal*ny mjasch<u>o</u>k (m)	
пітная вада	Trinkwasser
pitn<u>a</u>ja wad<u>a</u> (w)	
кухня	Küche,
k<u>u</u>chnja (w)	Kochgelegenheit

Auf dem Lande

Das Leben im Dorf unterscheidet sich in Belarus noch mehr als in Deutschland vom Leben in der Stadt. Vielleicht wird man ja von Bekannten direkt aufs Land eingeladen, oder man macht mit FreundInnen aus der Stadt eine längere Wanderung (wandroúka, m) durch die herrliche von vielen Seen und Flüssen durchzogene belarussische Landschaft.

wjoßka (w), **ßjalo** (s)	Dorf
chata (w)	Dorfhaus
ßad (m)	Garten
aharod (m)	Gemüsegarten
kalodsjesh (m)	Wasserbrunnen
kalonka (w) *Säule*	öffentlicher Wasserhahn
kalhaß (m)	Kolchos, landwirtschaftlicher Genossenschaftsbetrieb
prywatnaja fjerma (w)	privater Landwirtschaftsbetrieb

Ein Besuch in einem Dorf ist immer sehr eindrucksvoll.

Sachodszje ú chatu!
vorbeikommt! in Dorfhaus(w4)
Kommen Sie ins Haus!

Dsje tut moshna nabraz* pitnoj wady?
wo hier man-kann aufnehmen(v) Trink-(w2) Wasser(w2)
Wo kann man hier Trinkwasser holen?

Mo̱shna tut paßta̱wiz* pala̱tku?
man-kann hier aufstellen(v) Zelt(w4)
Darf man hier ein Zelt aufstellen?

Dsje mo̱shna raspali̱z* wo̱hnischtscha?
wo man-kann anzünden(v) Lagerfeuer(s4)
Wo darf man ein Lagerfeuer machen?

Essen & Trinken

Das Niveau und das Angebot der Restaurants und Cafes sind sehr unterschiedlich. Es gibt nur noch wenige Restaurants „nach sozialistischer Art", in denen man vom Personal platziert wird. Viele Bars bieten neben Getränken auch noch verschiedene Speisen an.

ßnje̱dannje (s)	Frühstück
ßnje̱da/z* (la)	frühstücken
abje̱d (m), **palu̱dsjen*** (m)	Mittagessen
abje̱da/z* (la)	zu Mittag essen
wjatsche̱ra (w)	Abendessen
wjatsche̱ra/z* (la)	zu Abend essen

wide̱ljez (m)	Gabel
nosh (m)	Messer
ly̱shka (w)	Löffel
talje̱rka (w)	Teller
ku̱bak (m)	Tasse
schklja̱nka (w)	Trinkglas
tscha̱rka (w)	Schnapsglas

рэстаран	**reßtaran** (m)	Restaurant
бар, піўбар	**bar** (m), **piùbar** (m)	Kneipe
кавярня,	**kawjarnja** (w)	Cafe
кафэ	**kafe** (s)	
сталовая	**ßtalowaja** (w)	Kantine

меню	Speisekarte
mjenju (s)	
закуска	Vorspeise
sakußka (w)	(Salate u. ä.)
першая страва	Vorspeise
pjerschaja ßtrawa (w)	(Suppen u. ä.)
галоўная страва	Hauptgericht
haloùnaja ßtrawa (w)	
гарачыя стравы	Warme Speisen
haratschyja ßtrawy (wMz)	
халодныя стравы	Kalte Speisen
chalodnyja ßtrawy (wMz)	
алкагольныя напіткі	Alkohol. Getränke
alkahol*nyja napitki (mMz)	
дэсерт	Dessert
deßjert (s)	
комплексны абед	komplettes Menü
kompljekßny abjed (m)	

im Restaurant

Das tatsächliche Angebot stimmt oftmals mit
dem der Speisekarte nicht überein:

Tut moshna pajeßzi?
hier man-kann aufessen(v)
Kann man hier etwas zu essen bekommen?

... pa-abjedaz*/pawjatscheraz*?
... zu-Mittag-essen(v)/zu-Abend-essen(v)
... zu Mittag/zu Abend essen?

Tut wol*na?   Dajzje, kali laßka, mjenju!
hier frei   gebt!(v), wenn Güte(w), Menü(s4)
Ist hier frei?   Bitte geben Sie die Speisekarte!

Schto wy moshazje para-iz*?
was ihr könnt empfehlen(v)
Was können Sie empfehlen?

U waß joßz* ßtrawy bjes mjaßa?
bei euch(2) ist Speisen ohne Fleisch(s2)
Haben Sie Speisen ohne Fleisch?

Will man schnell und preiswert essen und
möchte man sich nicht durch die Speisekarte
quälen, dann kann man in vielen Restaurants
auch ein komplettes Menü (kompljekßny abjed)
bestellen.

Seien Sie aber bitte
nicht wählerisch,
wenn Sie ein   **Dobra, ja was*mu heta!   ßmatschna jeßzi!**
komplettes Menü   *gut, ich nehme(v) dieses   schmackhaft essen*
bestellen ...   Gut, ich nehme das!   Guten Appetit!

Prynjaßizje, kali laßka, ...
bringt!, wenn Güte(w)
Bringen Sie bitte ...

... dwa kubki kawy/harbaty!
... zwei Tassen(mMz) Kaffee(w2)/Tee(w2)
... zwei Tassen Kaffee/Tee!

... try tsch<u>a</u>rki har<u>e</u>lki!
... drei Schapsgläser Wodka(w2)
... drei Gläser Wodka!

Dsj<u>a</u>kuj, mnje ch<u>o</u>piz*!
danke, mir (es-)reicht
Danke, ich habe genug.

Dsj<u>a</u>kuj, byl<u>o</u> wj<u>e</u>l*mi ßm<u>a</u>tschna!
danke, (es-)war sehr schmackhaft
Danke, es hat gut geschmeckt!

K<u>o</u>l*ki s mjanj<u>e</u>?
wieviel von mir(2)
Wie viel muss ich bezahlen?

Trinkgeld (tschajaw<u>y</u>ja, Mz) zu geben ist immer noch unüblich, besonders in billigeren Restaurants oder Imbissen. Meistens wird es aber trotzdem gern genommen.

belarussische Spezialitäten

Belarus ist bekannt für seine Vielfalt an Kartoffelgerichten. Weiterhin wird Fleisch, wie auch in vielen anderen osteuropäischen Ländern, sehr hoch geschätzt. Das stellt eine Schwierigkeit für VegetarierInnen dar: In Restaurants und an Imbissständen findet man kaum Gerichte, die ohne Fleischzutaten sind (außer natürlich den Süßspeisen).

булён	Bouillon
buljon (m)	
боршч	Suppe aus roter Bete
borschtsch (m)	und Kohl

Auch wenn man zu Gast ist, stößt man als VegetarierIn oft auf Unverständnis, warum man „das beste und teuerste" am Essen, das Fleisch, nicht mag.

капуста **kapußta** (w)	kalte Sommersuppe aus Kohl und vielen Gartenkräutern
клёцкі **kljozki** (wMz)	Kartoffelklöße
дранікі **draniki** (mMz)	Kartoffelpuffer, oft mit Fleischfüllung
бабка **babka** (w)	herzhafter Kartoffelkuchen mit viel Speck
смажанка **ßmashanka** (w)	herzhaftes Gebäckstück mit Fleischfüllung
халадзец **chaladsjez** (m)	eine Art Sülze
катлета **katljeta** (w)	Frikadelle
шніцэль **schnizel*** (m)	panierte Frikadelle
адбіўная катлета **adbiúnaja katljeta** (w)	Kotelett (nach deutscher Art)
гарнір **harnir** (m)	Beilage

Beilagen sind meist:

грэчка **hretschka** (w)	Buchweizengrütze
рыс **ryß** (m)	Reis
бульбяная каша **bul*bjanaja kascha** (w)	Kartoffelbrei
бульба-фры **bul*ba-fry** (s)	Pommes frites

Getränke

вада **wad<u>a</u>** (w)	Wasser
мінеральная вада **minjer<u>a</u>l*naja wad<u>a</u>** (w)	Mineralwasser
сок **ßok** (m)	Saft
кава **k<u>a</u>wa** (w)	Kaffee
гарбата **harb<u>a</u>ta** (w)	Tee
піва **p<u>i</u>wa** (s)	Bier
віно **win<u>o</u>** (s)	Wein
белае віно **bj<u>e</u>laje win<u>o</u>** (s)	Weißwein
чырвонае віно **tschyrw<u>o</u>naje win<u>o</u>** (s)	Rotwein
шампанскае **schamp<u>a</u>nßkaje** (s)	Sekt
гарэлка **har<u>e</u>lka** (s)	Schnaps, Wodka
настойка **naßt<u>o</u>jka** (w)	(hochprozentiger) Likör
самагонка **ßamah<u>o</u>nka** (w)	selbstgebrannter Schnaps
квас **kwaß** (m)	Kwas

Kwas ist ein vergorenes Brotgetränk, das im Sommer sehr erfrischend ist.

kubak kawy/harbaty
Tasse (m) Kaffee(w2)/Tee(w2)
eine Tasse Kaffee/Tee
tscharka harelki/naßtojki
Glas(w) Wodka(w2)/Likör(w2)
ein Glas Wodka/(hochprozentiger) Likör
butel*ka harelki/piwa
Flasche(w) Wodka(w2)/Bier(s2)
eine Flasche Wodka/Bier
kufjel* piwa
Bierglas(m) Bier(s2)
ein Glas Bier

Mnje chotschazza piz*.
mir (es-)will-sich trinken
Ich habe Durst.

Sa (wascha) sdaroüje!
auf (eure, s) Gesundheit(s)
Auf Ihre Gesundheit!

Einkaufen

Die Anzahl der Geschäfte, die nach Art westlicher Supermärkte aufgebaut sind, wächst ständig. Trotzdem gibt es noch genügend Geschäfte nach „sowjetischer Bauart": Man sucht sich die Ware aus, die man haben möchte, lässt sie eventuell abwiegen, erfährt den Preis, merkt sich diesen, bezahlt an einer Kasse. Mit dem Bon geht man dann zurück und erhält die Ware.

крама, магазін	Geschäft
kr<u>a</u>ma (w), **mahas<u>i</u>n** (m)	
прадуктовы магазін	Lebensmittelladen
produkt<u>o</u>wy mahas<u>i</u>n (m)	
гастраном	Lebensmittelladen
haßtran<u>o</u>m (m)	
універсам	großes Lebensmittel-
uniwerß<u>a</u>m (m)	geschäft
бакалея	Genussmittelgeschäft
bakal<u>je</u>ja (w)	(Tee, Konfekt, Kekse)
хлеб і булкі	Brot und Brötchen
chl<u>je</u>b (m) **i b<u>u</u>lki** (wMz)	(Aufschrift)
кандытарскія вырабы	Konditereiwaren
kand<u>y</u>tarßkija w<u>y</u>raby	(Aufschrift)
(Mz)	
садавіна	Obst
ßad<u>a</u>wina (w)	(Aufschrift)
агародніна	Gemüse
ahar<u>o</u>dnina (w)	(Aufschrift)
напіткі	Getränke (Aufschrift)
nap<u>i</u>tki (mMz)	
універмаг	Kaufhaus
uniwerm<u>a</u>h (m)	
кіёск	Kiosk
kij<u>o</u>ßk (m)	
кнігарня	Buchladen
knih<u>a</u>rnja (w)	
рынак	Markt
r<u>y</u>nak (m)	
тытунь	Tabak (Aufschrift)
tyt<u>u</u>n* (m)	
сувеніры	Souvenirs
ßuwen<u>i</u>ry (mMz)	

In größeren Geschäften muss man aufpassen, dass man an der richtigen Kasse bezahlt, und sagen, aus welcher Abteilung man Waren kauft, z. B. „Wurst", „Milch" oder „Getränke".

газеты, часопісы **gasjety** (wMz), **tschaßopißy** (mMz)	Zeitungen, Zeitschriften (Aufschrift)
перапынак **pjerapynak** (m)	(Mittags-)Pause
зачынена **satschynjena**	geschlossen
адчынена **adtschynjena**	geöffnet

Mahasin prazuje?

Geschäft(m) arbeitet

Hat das Geschäft geöffnet?

Die Dinge, die man nach den folgenden Sätzen aufzählt, müssen im 4. Fall stehen.

Zur Erinnerung: **Ja chatschu kupiz* kaúbaßu.**
Die weiblichen *ich will kaufen(v) Wurst(w4)*
Hauptwörter enden Ich möchte Wurst kaufen.
im 4. Fall auf -u,
alle anderen **Dajzje, kali laßka, adsin chljeb!**
verändern sich nicht. *gebt!(v), wenn Güte(w), ein(m4) Brot(m4)*
Geben Sie bitte ein Brot!

хлеб	**chljeb** (m)	Brot
батон	**baton** (m)	Weißbrot
булачкі	**bulatschki** (wMz)	Brötchen, trockene Gebäckstücke
печыва	**pjetschywa** (s)	Gebäck
торт	**tort** (m)	Torte
цукеркі	**zukjerki** (wMz)	Konfekt, Bonbons

цукар	**zukar** (m)	Zucker
марожанае	**maroshanaje** (s)	Eis
масла	**maßla** (s)	Butter
малако	**malako** (s)	Milch
смятана	**ßmjatana** (w)	Saure Sahne
вяршкі	**wjarschki** (mMz)	Süße Sahne
яйкі	**jajki** (sMz)	Eier
мяса	**mjaßa** (s)	Fleisch
курыца	**kuryza** (w)	Hühnchen
рыба	**ryba** (w)	Fisch
каўбаса	**kaúbaßa** (w)	Wurst
сыр	**ßyr** (w)	Käse
бульба	**bul*ba** (w)	Kartoffeln
цыбуля	**zybulja** (w)	Zwiebel
яблыкі	**jablyki** (mMz)	Äpfel
рыс	**ryß** (m)	Reis

Mengenangaben

Zur Erinnerung: Die gezählten Hauptwörter stehen je nach Zahl in verschiedenen Fällen.

adna schtuka   **try schtuki**
ein Stück(w)   *drei Stück(wMz)*
ein Stück, ein Teil   drei Stück

trynazzaz*schtuk
dreizehn Stück(wMz2)
dreizehn Stück

Die Bezeichnungen für Gramm (hram, m) und Kilogramm (kilahram, m) verändern sich in der Umgangssprache nur nach den Zahlen 2-4:

dwa, try, tschatyry kilahramy
zwei, drei, vier Kilogramm(mMz)
2, 3, 4 Kilogramm

adsin, pjaz*, dsjeßjaz* kilahram
eins, fünf, zehn Kilogramm(m)
1, 3, 5, 10 Kilogramm

paùkilo	ein halbes Kilo
schmat, mnoha	viel
mala	wenig
troschki, krychu	ein bisschen

Nach Mengenangaben steht die Ware, die man möchte, im 2. Fall. Durch folgenden „Kunstgriff" kann man aber den komplizierteren 2. Fall vermeiden: Man nennt einfach zuerst das, was man haben möchte, und dann die Menge:

Dajzje, kali laßka, ...
gebt!(v), wenn Güte(w)
Bitte geben Sie ...

ßyr, ßto hram	100 Gramm Käse
Käse(m4), hundert Gramm	
jablyki, pjaz* schtuk	5 Äpfel
Äpfel(mMz4), fünf Stück(w2)	
rybu, paùkilo	ein halbes Kilo Fisch
Fisch(w4), halbes-Kilo	

Fotografieren

Nicht immer und überall darf alles fotografiert werden, nicht jeder mag es, wenn er fotografiert wird (nicht nur in Belarus). Deshalb sollte man besonders in Kirchen und Museen vorher fragen:

Tut m<u>o</u>shna fatahrafaw<u>a</u>z*?
hier man-kann fotografieren
Darf man hier fotografieren?

Beim Kauf von neuen Filmen ist es das Beste, man zeigt im Geschäft die Packung des alten Filmes vor:

U waß joßz* tak<u>a</u>ja fotaplj<u>o</u>nka?
bei euch(2) ist solcher(w) Fotofilm(w)
Haben Sie so einen Film?

Mittlerweile gibt es in den größeren Städten Fotoläden, die innerhalb kurzer Zeit Filme entwickeln.

Wy prajaúlj<u>a</u>jezje tak<u>i</u>ja plj<u>o</u>nki?
ihr entwickelt solche(Mz) Filme(wMz)
Können Sie solche Filmen entwickeln?

Kal<u>i</u> h<u>e</u>ta b<u>u</u>dsje hat<u>o</u>wa?
wann dieses wird fertig
Wann wird das fertig sein?

Bank & Post

Geld kann man bei Banken oder in speziellen Wechselstuben tauschen. Auch wenn der Schwarzmarktkurs je nach staatlicher Finanzpolitik zeitweise viel vorteilhafter ist als der offizielle Wechselkurs, empfiehlt es sich doch nicht, sich an die SchwarztauscherInnen (waljutschyki, mMz) zu wenden. Die Gefahr, betrogen zu werden oder Unannehmlichkeiten mit der Polizei zu bekommen, ist sehr groß.

Bank & Geld

Абмен валюты	Wechselstube
abmjen waljuty	(Aufschrift)
Tausch(m) Valuta(w2)	
Банк	Bank
bank (m)	

Ja chatschu pamjanjaz* ßto jeúra/ ßto dolaraú.
ich möchte umtauschen(v) hundert Euro/ hundert Dollar(Mz2)
Ich möchte 100 Euro/Dollar tauschen.

Das Wort für die neue Währung Euro (jeúra) wird nicht gebeugt.

Wy mjanjajezje schwejzarßkija Franki?
ihr tauscht schweizerische(mMz) Franken(mMz)
Tauschen Sie Schweizer Franken?

Seit Neuestem gibt es in einigen Banken sogar Geldautomaten, die westliche Kreditkarten annehmen. Reiseschecks tauschen leider nur wenige Banken ein.

крэдытная картка	Kreditkarte
kredytnaja kartka (w)	
чэк	Scheck
tschek (m)	

Wy bjarezje kredytnyja kartki?
ihr nehmt Kredit-(wMz4) Kärtchen(wMz4)
Akzeptieren Sie Kreditkarten?

Dsje moschna mjenjaz* tscheki?
wo man-kann tauschen Schecks(mMz)
Wo kann man (Reise-)Schecks eintauschen?

Belarussische Rubel heißen bis heute in der Umgangssprache sajtschyki („Häschen")! Anfang der Neunziger Jahre, als das erste eigene Geld der unabhängigen Republik Belarus herausgegeben wurde, war auf dem Ein-Rubel-Schein ein Hase abgebildet. Dieser Geldschein ist aber schon lange der Inflation zum Opfer gefallen ...

Post

Jak dajßzi da poschty?
wie hingehen(v) bis Post(w2)
Wie kommt man zur Post?

пошта **poschta** (w)	Post
галоўпаштамт **haloǔpaschtamt** (m)	Hauptpostamt
прыём лістоў **pryjom lißtoǔ** (m)	Briefannahme
прыём тэлеграм **pryjom teljehram** (m)	Telegrammannahme
да запатрабавання **da sapatrabawannja**	postlagernd
паштовая марка **paschtowaja marka** (w)	Briefmarke
авіяканверт **awijakanwjert** (m)	Luftpostumschlag
паштоўка **paschtoǔka** (w)	Postkarte
ліст, пісьмо **lißt** (m), **piß*mo** (s)	Brief
пасылка **paßylka** (m)	Paket
бандэроль **banderol*** (w)	Päckchen
бланк **blank** (m)	Formular

Dajzje, kali laßka, ... hetu paschtoǔku!
gebt!, wenn Güte(w)   ... diese(w4) Postkarte(w4)
Geben Sie bitte ...   ... diese Postkarte!

... adsin awijakanwjert s markami!
*... ein(m4) Luftpostumschlag(m4) mit
Marken(wMz5)*
... einen Luftpostumschlag mit Briefmarken!

**... pjaz* m<u>a</u>rak u Hjerm<u>a</u>niju/Schwejz<u>a</u>ryju/
A<u>u</u>ßtryju!**

*... fünf Marken(wMz2) in Deutschland(w4)/
Schweiz(w4)/Österreich(w4)*

... fünf Briefmarken für Deutschland/
Schweiz/Österreich!

Telefon & Internet

Es gibt drei Arten von öffentlichen Telefo-
nen: Von einem takßaf<u>o</u>n aus kann man nur in-
nerhalb eines Ortes telefonieren. Dazu benö-
tigt man, je nach Ort, eine Telefonkarte oder
spezielle Münzen.

таксафон	öffentliches, nur
takßaf<u>o</u>n (m)	örtliches Telefon
перагаворны пункт	Fernsprechzentrum
pjerahaw<u>o</u>rny punkt (m)	
тэлефон	Telefon
teljef<u>o</u>n (m)	
тэлефонная картка	Telefonkarte
teljef<u>o</u>nnaja k<u>a</u>rtka (w)	
тэлефонны жэтон	Telefonmünze
teljef<u>o</u>nny sheton (m)	
код	Vorwahlnummer
kod (m)	

Der dritte Typ von Telefon ist der modernste, bequemste und am wenigsten verbreitetste: Dafür benötigt man spezielle Telefonkarten, wählt die Nummer und kann so lange telefonieren, bis die Karte abgelaufen ist (in das westliche Ausland ist das nicht sehr lange).

Zweite Möglichkeit: In andere Orte und ins Ausland kann man von einem Fernsprechzentrum (pjerahaworny punkt) aus telefonieren. Dort sagt man, wohin man telefonieren will und wie lange, bezahlt und bekommt dann eine Kabine zugewiesen. Dann wählt man eine bestimmte Nummer vor, wartet das Freizeichen ab und erst dann kann man die richtige Telefonnummer wählen. Wenn die bezahlte Zeit abgelaufen ist, wird die Verbindung unterbrochen, nicht vertelefoniertes Geld bekommt man wieder.

Dsjeßjaz* chwilin u Hjermaniju, kali laßka!
zehn Minuten(wMz2) in Deutschland(w4), wenn Güte(w)
Zehn Minuten nach Deutschland, bitte!

Jaki kod treba nabraz*?
welche(m4) Vorwahlnummer(m4) man-muss wählen(v)
Welche Nummer muss man vorwählen?

Pjerschaja/druhaja/trezjaja kabina!
erste(w)/zweite(w)/dritte(w) Kabine(w)
Erste/zweite/dritte Kabine!

Aljo, heta haworyz* Jana, moshna Tanju/Wiktara?
hallo, dieses spricht Jana, man-kann Tanja(w4)/Viktor(m4)
Hallo, hier spricht Jana, kann ich Tanja/Viktor sprechen?

Ja waß drenna tschuju, ...

ich euch(4) schlecht höre

Ich kann Sie nur schlecht verstehen, ...

... hawaryzje hutschnjej, kali laßka!

... sprecht! lauter, wenn Güte(w)

... sprechen Sie bitte lauter!

E-Mail & Internet

Электронная пошта	E-Mail
eljektronnaja poschta (w)	
Інтэрнэт	Internet
Internet (m)	

Mittlerweile gibt es in allen Städten die Möglichkeit, das Internet zu nutzen. Dieser Service wird zumeist auf den Postämtern angeboten.

Ja chatschu paprazawaz* u Internezje.

ich will arbeiten(v) in Internet(m6)

Ich möchte das Internet nutzen.

Ja chatschu adprawiz* eljelktronny lißt.

ich will absenden(v) elektronischen(m4) Brief(m4)

Ich möchte eine E-Mail verschicken.

Ja chatschu pahljadsjez* ßwaju eljektronnuju poschtu.

ich möchte ansehen(v) seine(w4) elektronische(w4) Post(w4)

Ich möchte E-Mails abrufen.

Kol*ki kaschtuje adna chwilina?

wieviel kostet eine(w4) Minute(w4)

Wie viel kostet eine Minute?

Polizei & Zoll

Bei der Einreise muss eine Zolldeklaration in Russisch ausgefüllt werden, diese muss bei der Ausreise wieder vorgelegt werden. Da sich diese Formulare ständig ändern, kann man keine genauen Hinweise geben, wie sie auszufüllen sind. Meistens findet man nette Mitreisende, die helfen, diesen bürokratischen Akt zu bewältigen. Vielleicht erleichtern sich ja irgendwann einmal die Prozeduren an der Grenze ...

Grenz- & Zollkontrolle

мытня, таможня **mytnja** (w), **tamoshnja** (w)	Zoll
мытнік, таможнік **mytnik** (m), **tamoshnik** (m)	Zollbeamter
таможенная декларация **tamoshennaja** **djeklarazija** (w)	Zolldeklaration (russisch)
мяжа, граніца **mjasha** (m), **hraniza** (m)	Grenze
пагранічнік **pahranitschnik** (m)	Grenzpolizist
пашпарт **paschpart** (m)	Reisepass

Adkryjzje tschamadan/torbu!
öffnet!(v) Koffer(m4)/Tasche(w4)
Öffnen Sie den Koffer/die Tasche!

Ja hramadsjan<u>i</u>n/hramadsj<u>a</u>nka Hjerm<u>a</u>nii/Schwejz<u>a</u>ryi/<u>A</u>ußtryi.

ich Bürger/Bürgerin
Deutschland(w2)/Schweiz(w2)/Österreich(w2)
Ich bin Bürger/in Deutschlands/der Schweiz/Österreichs.

Es empfiehlt sich, Polizei- und Zoll-beamtInnen gegenüber freundlich zu sein und sich nicht zu sehr darauf zu verlassen, dass man als InhaberIn eines westlichen Reisepasses bevorzugt behandelt wird.

Дапамажыце, калі ласка, запоўніць дэкларацыю!

Dapamashyzje, kali l<u>a</u>ßka, sap<u>o</u>ùniz* deklar<u>a</u>zyju!

helft!(v), wenn Güte(w), ausfüllen(v)
Deklaration(w4)
Bitte helfen Sie mir, die Deklaration auszufüllen!

Protest

Ist man der Meinung, etwas gehe nicht mit rechten Dingen zu, so sollte man das auch (bitte) ruhig zum Ausdruck bringen.

Ja prateßt<u>u</u>ju!

ich protestiere
Ich protestiere!

Ja chatsch<u>u</u> swjas<u>a</u>zza s paß<u>o</u>l*ßtwam Hjerm<u>a</u>nii!

ich will verbinden-sich(v) mit Botschaft(s5)
Deutschland(w2)
Ich möchte mich mit der deutschen Botschaft in Verbindung setzen!

Polizei

мiлiцыя	Polizei
milizyja (w)	
мiлiцыянер	Polizist
milizyjanjer (m)	
аддзел вiз i рэгiстрацый	(belar.) Visa- und
(АВIР)	Meldebehörde
addsjel wis i rehißtrazyj	
(**AWIR**, m)	
отдел виз и регистраций	(russ.) Visa- und
(ОВИР)	Meldebehörde
otdjel wis i registrazij	
(**OWIR**, m)	

Dsje tut milizyja?
wo hier Polizei(w)
Wo ist hier die Polizei?

Wenn man auf private Einladung im Land ist, muss man sich bei der Visa- und Meldebehörde (AWIR, m) registrieren lassen.

Ja chatschu sarehißtrawazza.
ich will einregistrieren-sich(v)
Ich möchte mich registrieren lassen.

Mnje treba prazjahnuz* rehißtrazyju/wisu.
mir(3) man-braucht verlängern(v)
Registrierung(w4)/Visum(w4)
Ich muss mein/e Registrierung/Visum verlängern lassen.

Mnje patrebna wisa ù Raßiju/na Ukrainu.

mir(3) man-braucht(w) Visum(4) in Russland(w4)/Ukraine(w4)

Ich brauche ein Visum für Russland/für die Ukraine.

Ja s-hubiù/s-hubila paschpart.

ich verlor(m)/verlor(w) Pass(m4)

Ich habe den Pass verloren.

U mjanje ùkrali paschpart/hroschy/ maschynu.

bei mir(2) (sie-)stahlen Pass(m4)/Gelder(Mz4)/ Auto(w4)

Mir wurde mein Pass/Geld/Auto gestohlen.

Mjanje abakrali.

mich (sie-)ausraubten

Ich wurde ausgeraubt.

Krank sein

Besser ist natürlich immer, erst gar nicht krank zu werden ... Im Ernstfall ist eine Grundversorgung gewährleistet, trotz des schlechten Zustandes der belarussischen Medizin. Vor der Abreise sollte man sich informieren, wie die aktuellen belarussischen Krankenversicherungsbestimmungen für AusländerInnen sind.

хуткая дапамога **chutkaja dapamoha** (w)	Schnelle medizinische Hilfe
бальніца **bal*niza** (w)	Krankenhaus
палікліника **paliklinika** (w)	Poliklinik
рэгістратура **rehißtratura** (w)	Aufnahme
урач, доктар **uratsch** (m), **doktar** (m)	Arzt
зубны ўрач **subny úratsch** (m)	Zahnarzt

Wyklitschzje chutkuju dapamohu/doktara!
hervorruft!(v) schnelle(w) Hilfe(w4)/Arzt(m4)
Rufen Sie die schnelle medizinische Hilfe/einen Arzt!

Dsje najblishejschaja paliklinika?
wo nächste(w) Poliklinik(w)
Wo ist die nächste Poliklinik?

beim Arzt

Ja sachwareů/sachwarela. **Schto ů waß?**
ich erkrankte(m/w) *was bei euch(Mz2)*
Ich bin krank (geworden). Was fehlt Ihnen?

Ja praßtudsiůßja/praßtudsilaßja.
ich erkältete-sich(m)/erkältete-sich(w)
Ich habe mich erkältet.

U mjanje baliz* ...	Mir tut ... weh.
bei mir(2) schmerzt	
ßerza (s)	das Herz
ßtraůnik (m)	der Magen
naha (w)	das Bein
ruka (w)	der Arm
halawa (w)	der Kopf

U mjanje ... **U waß ...**
bei mir(2) *bei euch(Mz2)*
Ich habe ... Sie haben ...

тэмпература	Fieber
tempjeratura (w)	
панос	Durchfall
panoß (m)	
кашаль	Husten
kaschal* (m)	
насмарк	Schnupfen
naßmark (m)	
грып	Grippe
hryp (m)	

апендыцыт	Blindarmreizung
apjendyzyt (m)	
сардэчны прыступ	Herzanfall
ßardetschny pryßtup (m)	
высокі крывяны ціск	hoher Blutdruck
wyßoki krywjany zißk (m)	
нізкі крывяны ціск	niedriger Blutdruck
niski krywjany zißk (m)	

Мне патрэбна квітанцыя з падрабязным дыяг-
назам для маёй страхоўкі.

**Mnje patrebna kwitanzyja s padrabjasnym
dyjahnasam dlja majoj ßtrachoùki.**

*mir es-braucht(w) Quittung(w) mit
ausführlicher(m5) Diagnose(m5) für meine(w2)
Versicherung(w2)*

Ich brauche eine Quittung mit ausführlicher
Diagnose für meine Versicherung.

beim Zahnarzt

*Seit einiger Zeit gibt
es neben den
ZahnärztInnen
in Polikliniken
auch private
Zahnarztpraxen.
Diese sind zwar
teurer, aber man
wird dort wesentlich
besser behandelt.*

Dsje tut prywatny subny úratsch?

wo hier privater Zahn-(m) Arzt(m)

Wo gibt es hier einen privaten Zahnarzt?

U mjanje baliz* sub

bei mir(2) schmerzt Zahn(m)

Mir tut ein Zahn weh.

Kali laßka, paßtaúzje plombu, nje wyrywajzje!

*wenn Güte(w), setzt!(v) Plombe(w4), nicht
herauszieht!*

Bitte machen Sie eine Füllung, nicht ziehen!

U mjanj<u>e</u> w<u>y</u>pala pl<u>o</u>mba

bei mir(2) herausfiel(w) Plombe(w)

Mir ist eine Füllung herausgefallen.

Apotheke

аптэка **apt<u>e</u>ka** (w)	Apotheke
градуснiк **hr<u>a</u>dußnik** (m)	Fieberthermometer
вата **w<u>a</u>ta** (w)	Watte
бiнт **bint** (m)	Verbandszeug
пластыр **pl<u>a</u>ßtyr** (m)	Pflaster
таблеткi **tablj<u>e</u>tki** (wMz)	Tabletten
кроплi **kr<u>o</u>pli** (wMz)	Tropfen
мазь **mas*** (w)	Salbe

У вас ёсць лекi ад галаўнога болю?

U waß joßz* lj<u>e</u>ki ad halaùn<u>o</u>ha b<u>o</u>lju?

bei euch(2) Medikamente(Mz) von Kopf-(m2)
Schmerz(m2)

Haben Sie ein Medikament gegen
Kopfschmerzen?

Як прымаць гэтыя лекi?

Jak prym<u>a</u>z* h<u>e</u>tyja lj<u>e</u>ki?

wie aufnehmen diese(Mz4) Medikamente(Mz4)

Wie nimmt man dieses Medikament ein?

Toilette & Co.

Immer häufiger findet man kostenpflichtige öffentliche Toiletten, die dafür aber in einem guten Zustand sind. Etwas Toilettenpapier sollte man trotzdem immer dabei haben. Die Toiletten sind durch die folgenden Symbole und Buchstaben gekennzeichnet:

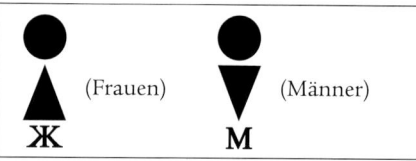

туалет, прыбіральня	Toilette
tualjet (m), **prybiral*nja** (w)	
платны туалет	Kostenpflichtige
platny tualjet (m)	Toilette
туалетная папера	Toilettenpapier
tualjetnaja papjera (w)	
Ж (жаночы)	Damentoilette
shanotschy (m)	
М (мужчынскі)	Herrentoilette
mushtschynßki (m)	

Oft findet man auch die russische Aufschrift:

| Женский | **shenßkij** (m) | Damentoilette |
| Мужской | **mushßkoj** (m) | Herrentoilette |

Schimpfen & Fluchen

Für SprecherInnen einer Fremdsprache ist es meist sehr schwer einzuschätzen, wann ein Schimpfwort „angebracht" ist und wann nicht. Manchmal ist es ganz gut zu verstehen, wie jemand schimpft.

Kasjol! (m)	*Ziegenbock*	Esel!
Duran*! (m)		Idiot!
ßzjerwa (w), **padljuha** (w), **ßwolatsch** (w)		Lump
Adwali!		Hau ab!

Um in keine Fettnäpfchen zu treten und niemanden zu beleidigen, sollte man versuchen, ganz ohne Schimpfwörter auszukommen.

Ty schto, sdureu/sdurela?

du was, wurdest-verrückt(m)/wurdest-verrückt(w)
Bist du verrückt geworden?

Die folgenden Wörter sind besonders grob. Die ersten beiden Schimpfwörter kann man durch das Wort blin! (Eierkuchen) ersetzen. Es wissen zwar alle, was gemeint ist, aber was ist schon dabei, wenn man „Eierkuchen!" sagt?!

In bestimmten sozialen Zusammenhängen werden sie sehr häufig gebraucht und haben ihre Schärfe verloren. In anderen Zusammenhängen sind sie vollständig tabuisiert.

Blja!, Bljads*!, Kurwa!	Hure! (wird verwendet wie „Scheiße!")
Hauno!	Scheiße! (wird verwendet, um zu sagen, dass etwas sehr schlecht ist, weniger als Ausruf)

Literaturhinweise

Leider gibt es nur sehr wenige Literatur zum Lernen der belarussischen Sprache.

Sprachführer

A. E. Michnevic: **Russko-belorusskij razgovornik. Minsk, 1991.** *(russisch-belarussischer Sprachführer, nützliche Wendungen auch für Alltagsgespräche, leider ohne Betonungsangaben)*

Lehrbücher

A. A. Krivickij/A. I. Podluznyj: **Ucebnik belorusskogo jazyka.** Minsk, 1994. *(Dieses Lehrbuch auf Russisch ist wenig geeignet, um die Alltagssprache zu erlernen. Bei grammatikalischen Fragen ist es jedoch manchmal eine gute Hilfe.)*

Die hier genannten Bücher/Schriften sind nicht über den Reise Know How Verlag erhältlich.

Virginie Lymaniec/Alexandra Goujon: **Parlons biélorussien.** Editions L'Haramattan, Paris 1997. *(auf Französisch)*

Wörterbücher

W. Martinewski/P. Sadowski: **Deutsch-Belorussisch-Russisches Wörterbuch.** Minsk 1990. *(Ein kleines Wörterbuch mit einem Grundwortschatz, ohne Betonungsangaben, evtl. noch in belarussischen Antiquariaten zu erwerben.)*

Dr. A. Basova/S. Düwel: **Weißrussisch-Deutsches Wörterbuch.** Friedrich-Schiller-Universität Jena, Institut für Slawistik, 2000. *(Kleines, feines Wörterbuch, z. Zt. vergriffen.)*

A. Ushkewich/A. Zezulin: **Byelorussian-English/English-Byelorussian Dictionary.** Hippocrene Books, New York 1992. *(Mit Betonungsangaben und Aussprachehinweisen. Leider sind diese teilweise ungenau.)*

Das folgende Englisch-Belarussisch-Wörterbuch im Internet ist mit der kyrillischen

Schrift geschrieben, die vor 1917 verbreitet war: **http://www.ceti.com.pl/~hajduk/**

Grammatiken

Folgenden Bücher geben einen guten Überblick über die belarussische Grammatik:

George Carcas: **A Concise Grammar Of Byelorussian.** Joseph Biddulph, 1995.

Peter J Mayo: **A Grammar Of Byelorussian.** Sheffield, 1976.

Informationen über Politik & Wirtschaft

Belarus-News *(Diese vierteljährlich erscheinende Zeitschrift informiert seine deutschsprachigen LeserInnen über die aktuellen Ereignisse in den Bereichen Politik, Wirtschaft und Gesellschaft. Hintergrundberichte ermöglichen ein tiefergehendes Verständnis der Situation in Belarus.)* Ein Probeexemplar kann man bestellen bei: Internationales Bildungs- u. Begegnungswerk (IBB), Thomasstr. 1, 44135 Dortmund, E-Mail: ibb-dortmund@t-online.de. (ISSN: 1616-7619)

Reiseführer

Evelyn Scheer: **Weißrußland entdecken – Natur und Kultur von Brest bis zum Dnepr,** Trescher Verlag Berlin, 1997, ISBN: 3-928409-59-X

Dirk Holtbrügge: **Weißrußland.** Beck'sche Reihe, München 1996

http://www.inyourpocket.com/ *(Bei dieser Internet-Adresse kann man kurz gefasste und aktuelle Reiseführer zu sechs belarussischen Städten bestellen.)*

Botschaft

http://www.belarus-botschaft.de *(Auf der Homepage der belarussischen Botschaft kann man sich über die aktuellen Einreisebestimmungen informieren.)*

Kauderwelsch-Sprechführer

gibt's für unheimlich viele Sprachen:

Afrikaans ● Albanisch ● Amerikanisch - *American Slang,*
More American Slang ● Amharisch ● Arabisch - Hocharabisch,
für Ägypten, Algerien, Golfstaaten, Irak, Jemen, Marokko, Palästina-Syrien,
Sudan, Tunesien ● Armenisch ● *Bairisch* ● Baskisch* ● Bengali
Berlinerisch ● Brasilianisch ● Bulgarisch ● Balinesisch* ● Burmesisch
Cebuano ● Chinesisch ● Dänisch ● *Deutsch - Allemand, Duits, German,*
Nemjetzkii, Tedesco ● *Elsässisch* ● Englisch - *British Slang, Australian Slang,*
Canadian Slang, Neuseeland Slang, für Australien* ● Esperanto ● Estnisch
Finnisch ● Französisch - für Frankreich, für Restaurant & Supermarkt, für
den Senegal, für Tunesien, *Französisch Slang, Franko-Kanadisch* ● Galicisch
Georgisch ● Griechisch ● Guarani ● Hausa ● Hebräisch ● Hieroglyphisch
Hindi ● Indonesisch ● Irisch-Gälisch ● Isländisch ● Italienisch - *Italienisch-*
Slang, für Opernfans, kulinarisch* ● Japanisch ● Javanisch ● Jiddisch
Kantonesisch ● Kasachisch ● Katalanisch ● Khmer ● Kisuaheli
Kinyarwanda ● *Kölsch* ● Koreanisch ● Kroatisch ● Kurdisch ● Laotisch
Lettisch ● Lëtzebuergesch ● Lingala ● Litauisch ● Madagassisch
Makedonisch ● Malaiisch ● Mallorquinisch ● Maltesisch ● Mandinka
Mongolisch ● Nepali ● Niederländisch ● Norwegisch ● Paschto ● Patois
Persisch ● Pidgin-English ● *Plattdüütsch* ● Polnisch ● Portugiesisch
Quechua ● *Ruhrdeutsch* ● Rumänisch ● Russisch ● *Sächsisch*
Schwäbisch ● Schwedisch ● *Schwiizertüütsch* ● *Scots* ● Serbisch
Singhalesisch ● Sizilianisch ● Slowakisch ● Slowenisch ● Spanisch -
Spanisch Slang, für Lateinamerika, für Argentinien, für Chile, für Costa
Rica, für Cuba, für die Dominikanische Republik, für Ecuador, für
Guatemala, für Honduras, für Mexiko, für Nicaragua, für Panama, für Peru,
für Venezuela, kulinarisch* ● Tagalog ● Tamil ● Tatarisch* ● Thai
Tibetisch ● Tschechisch ● Türkisch ● Ukrainisch ● Ungarisch ● Urdu
Usbekisch ● Vietnamesisch ● Weißrussisch* ● *Wienerisch* ● Wolof

REISE KNOW-HOW Verlag Peter Rump GmbH, Bielefeld
* erscheint 2001

Wörterliste Deutsch – Weißrussisch

Die Wörterlisten enthalten einen Grundwortschatz von ca. 1000 Wörtern. Vokabular, das man in den einzelnen Kapiteln nachschlagen kann, ist hier nicht immer aufgeführt.

Bei **Hauptwörtern** *ist das grammatische Geschlecht (m, w, s) immer angegeben. Wenn die Mehrzahl (Mz) unregelmäßig gebildet wird, ist diese auch angegeben.*

Bei **männlichen Hauptwörtern** *ist die Endung des 2. Falls wie folgt angegeben:*

ho̱rad (m, 2. **-a,** Mz **ha̱rady)**

lies: männlich, hat im 2. Fall die Endung **-a,** *(also* **ho̱rada**)*, Mz:* **ha̱rady**. *Die Abkürzung „undekl."* *bedeutet „undeklinier-bar", das betreffende Wort ist in allen Fällen gleich, wird also nie gebeugt.*

Eigenschaftswörter *sind nur in der männlichen Form angegeben.*

Verben: *Die Beugungsgruppe ist immer angegeben (Ia, Ib, IIa, IIb).*

Ist der Aspekt nicht angegeben, steht das betreffende Verb immer im unvollendeten Aspekt. Vollendete Verben sind mit einem (v) gekennzeichnet.

Bei unregelmäßigen Verben ist außerdem die 1., 2. und 3. Person Einzahl (ich, du, er/sie) mit angegeben. Ein „nur" heißt, dass nur die angegebene Verbform unregelmäßig ist, alle

anderen Formen werden regelmäßig mit den Endungen der jeweiligen Beugungsgrupe gebildet.

snajo̱m/izza (nur **-lju̱ßja,** IIb)

lies: 1. Person Ez: **snajo̱mlju̱ßja,** *alle anderen Formen sind regelmäßig und bekommen die Endungen der Beugungsgruppe IIb.*

Wird das Verb meist nur in der 3. Person Einzahl (er/sie/es) verwendet, steht die Abkürzung „3. Ez".

„Unbestimmte" bzw. „bestimmte" Verben sind durch „ub" bzw. „b" gekennzeichnet.

Manche Verben oder Verhältniswörter verlangen, dass nach ihnen ein bestimmter **Fall** *steht. Welcher das ist, wird wie folgt gekennzeichnet: (+2), (+3) ...*

da (+2)

lies: nach **da** *folgt der 2. Fall (das nachfolgende Wort muss im 2. Fall gebeugt werden)*

A

Abend wj<u>e</u>tschar (m, Mz -<u>y</u>)

aber a, alj<u>e</u>

abfahren ad'jashdsh<u>a</u>/z* (la)

abfliegen adljat<u>a</u>/z* (la)

abreisen ad'jashdsh<u>a</u>/z* (la)

abschleppen buk<u>ß</u>ir/awaz* (lb)

Adresse <u>a</u>draß (m, 2. -a)

Alkohol alkah<u>o</u>l* (m)

allein ads<u>i</u>n

alles uß<u>jo</u>

als (Vergleich) sa

als (zeitl.) kal<u>i</u>

alt ß<u>tary</u>

Alte (Person) ß<u>tar</u>aja (w)

Alter (Person) ß<u>tary</u> (m)

Alter (Lebens-) usr<u>o</u>ßt (m)

Andenken ß<u>uwen</u>ir (m, 2. -a)

anfangen patschyn<u>a</u>/z* (la)

Angestellte/r ß<u>luhsh</u>atsch/y (m)/ -aja (w)

Angst ß<u>trach</u> (m)

anhalten ß<u>pynja</u>/z* (la)

ankommen prybyw<u>a</u>/z* (lb)

Ankunft prybyzz<u>jo</u> (s)

Antwort adk<u>a</u>s (m)

antworten adk<u>a</u>swa/z* (la)

arbeiten praz/aw<u>a</u>z* (-<u>u</u>ju, lb)

Arbeiter/in rab<u>o</u>tsch/y (m)/ -aja (w)

arm bj<u>e</u>dny

auch takß<u>a</u>ma, i

auf na (+6)

Aufenthalt snach<u>o</u>dshannje (s)

aufhören pjeraßta/w<u>a</u>z* (la)

aufstehen usta/w<u>a</u>z* (la)

aufwachen raßßyp<u>a</u>/zza (la)

aus s, ad (+2)

Ausfuhr wyw<u>a</u>s (m)

Ausgang w<u>y</u>chad (m)

ausgezeichnet wyd<u>a</u>tna, zud<u>o</u>ùna

Auskunft dawj<u>e</u>dka (w)

Ausland sahran<u>i</u>za (w)

Ausländer/in tschushasj<u>e</u>m/jez (m)/ -ka (w)

ausländisch samj<u>e</u>shny

Ausreise wy<u>je</u>sd (m)

Aussprache wymaùlj<u>e</u>nnje (s)

aussteigen wych<u>o</u>d/siz* (-shu, -sisch, -siz*)

Ausstellung wyßt<u>a</u>wa (w)

Ausweis dakumj<u>e</u>nt (m, 2. -a)

ausziehen, sich raßpran<u>a</u>/zza (la)

Auto aùtamab<u>i</u>l*(m), maschyna (w)

Autowerkstatt majßt<u>e</u>rnja (w)

B

Badeanzug kup<u>a</u>l*nik (m, 2. -a)

Badehose pl<u>a</u>ùki (Mz)

baden kup<u>a</u>/zza (la)

Badezimmer w<u>a</u>nnaja (w)

Bahnhof waks<u>a</u>l (m, -a)

Bahnsteig platf<u>o</u>rma (w), pjer<u>o</u>n (m)

bald njeùsab<u>a</u>wje

Bank l<u>a</u>ùka (w)

Bank (Geld) bank (m)

Bargeld naj<u>a</u>ùnyja hr<u>o</u>schy (Mz)

Batterie batar<u>e</u>ja (w)

bauen bud/aw<u>a</u>z* (-<u>u</u>ju, lb)

Baum dr<u>e</u>wa (s)

beeilen, sich ß<u>pjasch</u>a/zza (la)

beenden sak<u>a</u>ntschwa/z* (la)

begleiten ß<u>uprawadsh</u>a/z* (la)

begrüßen prywit<u>a</u>/z* (la)

behandeln (Krankh.) ljatsch/yz* (-u, ljetsch/ysch, -yz*)

Behörde ußtanowa (w)

bei u, lja (+2)

Beispiel pryklad (m)

bekanntmachen, sich snajom/izza (nur -ljußja, IIb)

Belarus Bjelaruß* (w, 2. -i)

Belarusse/Belarussin bjelaruß (m, 2. -a)/ -ka (w)

beleidigen kryú/dsiz* (nur -dshu, IIb)

benachrichtigen pawjedamlja/z* (Ia)

Berg hara (w)

Beruf prafjeßija (w)

berühmt ßlawuty, wydatny

beschweren, sich ßkar/dsizza (nur -dshußja, IIb)

besichtigen ahljada/z* (Ia)

Besitzer uladal*nik (m, 2. -a)

besser ljepsch, ljepjej

Bestechungsgeld chab/ar (m, 2. -ru)

bestellen sakaswa/z* (Ia)

Bestellung sakas (m)

bestrafen kara/z* (Ia)

Besuch nawjedwanne (s)

besuchen nawjedwa/z* (Ia)

betrügen padmanwa/z* (Ia)

betrunken p'jany

Bett losh/ak (m, 2. -ka)

bevor pjersch tschym

Beweis dokas (m)

bezahlen plaziz* (platschu, plozisch, ploziz*)

Bild karzina (w)

billig tanny

Binde bint (m)

bis da (+2)

bisschen krychu, troschki

Bitte proß*ba (w)

bitten pra/ßiz* (-schu, proßisch, proßiz*)

Blatt lißt/ok (m, 2. -ka, Mz -ki)

bleiben saßta/wazza (-jußja, Ia)

Bleistift alo/wak (m, 2. -úka, Mz -úki)

Blume kwjetka (w)

Boot lodka (w)

Botschaft (dipl.) paßol*ßtwa (s)

Brand pashar (m)

Brauch swytschaj (m)

brauchen (ich brauche) mnje treba

breit schyroki

brennen har/ez* (-u, IIa)

Brille akuljary (Mz)

bringen prynoß/iz* (prynaschu, prynoß/isch, -iz*)

Brot chljeb (m, 2. -a)

Brücke moßt (m, 2. maßt/a, Mz -y)

Bruder brat (2. -a, Mz -y)

Brust hrudsi (wMz)

Buch kniha (w)

buchen sabranir/awaz* (Ib)

Buchstabe litara (w)

bunt pjareßty

Burg sam/ak (m, 2. -ka, Mz -ki)

Bürger/in (Staats-) hramadsjan/in (m)/ -ka (w), -je (Mz)

Büro bjuro (s, undekl.)

C

Chauffeur schafjor (m, 2. -a)

Chef sahadtschyk (m, 2. -a)

D

da tam

Dach dach (m, Mz dochi)

damit (um zu) kab

danach potym

danke dsjakuj (m)

danken dsjak/awaz*
  (-uju, Ib)

dann tady

darum tamu

dass schto

dauern prazjahwa/zza
  (3. Ez -jezza)

Decke (Bett) koúdra
  (w)

denken duma/z* (Ia)

Denkmal pomnik (m,
  2. -a)

deshalb tamu

deutsch njamjezki

Deutsche njemka (w)

Deutscher njemjez (m,
  2. -jza, Mz -zy)

Deutschland
  Hjermanija (w),
  Njamjetschyna (w)

Dialekt dyjaljekt (m)

dick toúßty, poúny

Diebstahl krads/jesh
  (m, 2. -jashu, Mz -jashy)

Ding retsch (w, 2. -y)

Diskothek dyßkateka
  (w)

Dokument(e)
  dakumjent (m, 2. -a)

Dorf wjoßka (w)

dort tam

dorthin tudy

dringend terminowa

dumm durny

dunkel zjomny

dünn tonki

dünn (schlank) chudy

durch (quer) pras (+4),
  zjeras (+4)

dürfen mjez* (maju,
  majesch, maje) prawa

Durst (ich habe) mnje
  chotschazza piz*

E

echt ßapraúdny

Ehefrau shonka (w)

Ehemann mush (m,
  2. -a, Mz -y)

Ehepaar ßjamjejnaja
  para (w)

Ei jajka (s)

Eigentum ulaßnaßz*
  (w, 2. -i)

einander adsin adnaho

Einbruch uslom (m)

einfach proßta

Einfuhr uwos (m),
  impart (m)

Eingang uwachod (m)

einige njekatoryja

einladen (zu Gast)
  saprascha/z* (Ia)
  (u hoßzi)

Einladung
  saprasch ennje (s)

einmal adsin ras

einsteigen (in)
  ßa/dsizza
  (nur -dshußja, IIb) (u)

eintreten
  uwachod/siz* (-shu,
  IIb)

einverstanden s-hodny

Einwohner/in shychar
  (m, 2. -a, Mz -y)/ -ka (w)

Eis (Speise-)
  maroshan/aje (s,
  2. -aha)

Eiter hnoj (m)

Eltern baz*ki (Mz)

empfangen (Gäste)
  pryma/z* (Ia) haßzjej

empfehlen ra/iz* (Ia)

Ende kan/jez (m, 2. -za)

eng wuska

englisch anhlijßki
  (anhjel*ßki)

Enkel/in unu/k (m,
  2. -ka)/ -tschka (w)

entscheiden
  wyrascha/z* (Ia)

Entschuldigung!
  prabatschje!

Erde sjamlja (w)

Ereignis padsjeja (w)

Erfolg poßpjech (m)

erhalten atrymliwa/z*
  (Ia)

erholen, sich
  adpatschywa/z* (Ia)

erinnern, sich
  pamjata/z* (Ia)

**erkältet sein (ich habe
  mich erkältet)**
  ja saßtudsi/úßja (m),
  -laßja (w)

erklären
  raßtlumatschwa/z*
  (Ia)

erlauben daswalj̲a/z* (la)

Erlaubnis daswo̲l (m)

Ermäßigung ilh̲o̲ta (w)

Ersatzteil saptschaßtka (w)

erzählen raßk̲aswa/z* (la)

essen j̲e̲ßzi (jem, jaßi̲, jeßz*, jadsim, jadsizje, jaduz*)

Essen (das) j̲e̲sha (w)

Etage pawj̲erch (m)

etwa pryblisna

etwas schto-nischt̲o̲

F

Fabrik f̲a̲bryka (w)

Faden n̲i̲tka (w)

Fähre par̲o̲m (m, 2. -a)

fahren (ub) j̲e̲sds/iz (nur j̲e̲shdshu, llb)

Fahrpreis koscht (m) praj̲e̲sdu

Fahrrad wjelaßipj̲e̲d (m, 2. -a)

Fahrzeug maschy̲na (w)

falsch njapr̲a̲wil*ny

Familie ßjam'j̲a̲ (w, Mz ßj̲e̲m'i)

Farbe (Lack...) f̲a̲rba (w)

Farbe (rot, grün ...) ko̲ljer (m)

faul (Obst) hnil̲y̲

faul (träge) ljan̲i̲wy

Fehler pam̲y̲lka (w)

Feier ßwj̲a̲ta (s)

feiern ßwjatk/aw̲a̲z* (lb)

feilschen tarh/aw̲a̲zza (lb)

Feld po̲lje (s)

Fenster akno̲ (s, Mz o̲kny)

Ferien kan̲i̲kuly (Mz)

fern dalj̲o̲ki

Fernsehgerät teljew̲i̲sar (m, 2. -a)

fertig hat̲o̲wy

Fest ßwj̲a̲ta

fest zwj̲o̲rdy

feucht wil*h̲o̲tny

Feuer ah̲o̲n* (m, 2. ahnj̲u̲)

Film (Foto-) fotaplj̲o̲nka (w)

Film (Kino-) fil*m (m, 2. -a)

finden snach̲o̲d/siz* (nur -shu, llb, uv)/ snaj̲ß̲zi (v, Verg.: snajscho̲u̲ (m), snajschl̲a̲ (w)

Finger pa̲/ljez (m, 2. -l*za, Mz -l*zy)

Fisch r̲y̲ba (w)

Flasche but̲e̲l*ka (w), pljaschka (w)

Fleisch mj̲a̲ßa (s)

fleißig rupl̲i̲wy

fliegen ljata/z* (la, ub)

flirten flirt/aw̲a̲z* (lb)

Fluss rak̲a̲ (w, Mz r̲e̲ki)

Folklore falkl̲o̲r (m)

Formular blank (m, 2. -a)

Fotoapparat fotaapar̲a̲t (m, 2. -a)

Fotografie fotasd̲y̲mka (w)

Frage pyt̲a̲nnje (s)

fragen pyta̲/z* (la)

Frau shantsch̲y̲na

Frau (Anrede) ßpad̲a̲rynja (w)

Fräulein dsjaútsch̲y̲na (w)

frei wo̲l*ny, ßwabo̲dny

fremd tsch̲u̲shy

freuen, sich rad/aw̲a̲zza (lb)

Freund ßj̲a̲b/ar (m, 2. -ra, Mz -r̲y̲)

Freundin ßjabro̲u̲ka (w)

freundlich laßk̲a̲wy

Freundschaft ßjabro̲u̲ßtwa (s)

Frieden mir (m, 2. -a)

frieren mj̲e̲rsn/uz* (-u, -jesch, -je)

frisch (Obst) ßwj̲e̲shy

fröhlich wj̲a̲ßoly

Frucht frukt (m, 2. -a)

früh r̲a̲na

Frühling wj̲a̲ßn̲a̲ (w)

fühlen, sich patschuw̲a̲/zza (la)

Führung exk̲u̲rßija (w)

für dlja (+2), dsj̲e̲lja (+2)

---

fürchten, sich (vor)
baja/zza (-jußja, -ißja, -izza) (+2)
Fuß naha (w)

G

ganz uwjeß*
Garten ßad (m), aharod (m, 2. -a)
Gas has (m)
Gasse sawul/ak (m, 2. -ka)
Gast hoßz* (m, 2. -ja)
Gastfreundschaft haßzinaßz* (w, 2. -i)
Gastgeber/in haßpadar (m)/ -ka (w)
Gebäck pjatschennje (s), pjetschywa (s)
Gebäude budyn/ak (m, 2. -ka)
geben da/waz* (-ju, la, uv), daz* (dam, daßi, daßz*, dadsim, daßzje, daduz*, v)
Gebirge hory (wMz)
Gebühr plata (w)
Geburtstag dsjen* (m) naradshennja
gefährlich njebjaßpjetschny
gefallen (mir gefällt) mnje padabajezza
Gefängnis turma (w)
Gefäß paßudsina (w)
Gefühl patschuzzjo (s)

gegen ßupraz* (+2)
Gegend mjaßzowaßz* (w, 2. -i)
gegenüber naßupraz* (+2)
gehen ißzi (idu, idsjesch, idsje, b)
gehen chadsiz* (chadshu, chodsisch, chodsiz*, ub)
Geld hroschy (Mz, 2. -aj)
gemütlich utul*ny
genau dakladny
genug doßyz*, chopiz*
Gepäck bahash (m)
geradeaus prama
gern achwotna
Geschenk padarun/ak (m, 2. -ka, Mz -ki)
Geschichte (Erzählung) apawjadannje (s)
Geschichte (Historie) hißtoryja (w)
Geschwister brat i ßjaßtra
Gesellschaft (Verein) tawaryßtwa (s)
Gesetz sakon (m)
Gespräch rasmowa (w)
gestern utschora
gesund sdarowy
Gesundheit sdaroŭje (s)
Gewicht waha (w)
Gewitter nawal*niza (w)

gewöhnen, sich (an) prywyka/z* (la) (da +2)
Gewürz pryprawa (w)
Gift atruta (w)
Giftschlange atrutnaja smjaja (w)
Glas (Material) schklo (s)
Glas (Trink-) schkljanka (w)
glauben wjer/yz* (lla)
Glück schtschaßzje (s)
glücklich schtschaßliwy
Gold solata (w)
Gott boh (m, 2. -a)
Grammatik hramatyka (w)
Gras trawa (w)
gratulieren winsch/awaz* (-uju, lb)
groß wjaliki
Größe (Kleidung u.ä.) pamjer (m)
Großmutter babulja (w)
Großvater dsjadul/ja (m, 2. -i)
Gruppe hrupa (w)
grüßen wita/z* (la)
grüßen, sich wita/zza (la)
gültig ßapraŭdny
gut dobry

H

haben mje/z* (maju, majesch, maje)
Hafen port (m)
Hälfte palowa (w)
halten tryma/z* (la)
Handel hand/al* (m, 2. -lju)
hart zwjordy
Haus dom (m, Mz damy)
Hausfrau chatnjaja haßpadarka
heben padyma/z* (la)
heiß haratschy
helfen dapamaha/z* (la)
hell ßwjetly
Herbst woßjen* (w, 2. -i)
Herr ßpadar
herzlich ßardetschny
heute ßjonnja
hier tut
Hilfe dapamoha (w)
hinten s-sadu
hinter sa
hoch wyßoki
Hochzeit wjaßjellje (s)
hoffen ßpadsja/wazza (-jußja, I)
höflich wjetliwy
Holz drewa (s)
hören ßlucha/z* (la), tschu/z* (la)
hungrig sein byz* halodnym
Hygiene hihijena (w)

I

immer saúßjody, saúshdy
impfen rabiz* pryschtschepku
in (örtl.) u, wa
in (zeitl.) pras (+4)
Industrie pramyßlowaßz* (w, 2. -i)
Information infarmazyja (w)
informieren, sich infarmaw/azza (-ujußja, Ib)
Insekt naßjakomaje (s)
Insel woßtra/ú (m, 2. -wa, Mz aßtrawy)
interessant zikawy
interessieren, sich (für) zika/wizza (-úljußja, -w/ißja, IIb)
international mishnarodny

J

ja tak
Jahr hod (m, 2. -a, Mz hady)
Jahreszeit para (w) hoda
jährlich schtohadowy
jeder koshny
jedesmal koshny ras

jemand chto-njebuds*, chtoß*zi
jetzt saras, zjapjer
jung malady
Junge chloptschyk (m, 2. -a)

K

kalt choladny
kaputt slamany
Karte karta (w)
Kasse kaßa (w)
kaufen kuplja/z* (la)
kennen wjeda/z* (la)
Kind dsizja (s, 2. -zi, Mz dsjezi
Kino kinateatr (m, -a)
Kirche zarkwa (w, Mz zerkwy)
Kleidung adsjennje (s)
klein maljenki
klug rasumny
Kneipe piúbar (m)
kochen war/yz* (-u, warysch, -yz*)
Koffer tschamadan (m, 2. -a)
kommen (an-) prychod/siz* (-shu, IIb)
kompliziert ßkladany
Kondom presjerwaty/ú (m, 2. -wa, Mz -wy)
können mah/tschy (-u, moshasch, mosha)/ umje/z* (la)

Konsulat konßul*ßtwa (s)

kontrollieren kantral/jawaz* (-juju, -jujesch, -juje)

Konzert kanzert (m)

kosten (probieren, Preis) kascht/awaz* (-uju, lb)

kostenlos bjaßplatna

krank chwory

Krankheit chwaroba (w)

kühl chaladnawaty

Kühlschrank chaladsil*nik (m, 2. -a)

Kunst maßtaztwa (s)

kurz karotki

küssen zal/awaz* (-uju, lb)

L

lächeln ußmicha/zza (la)

lachen (über etw.) ßmja/jazza (-jußja, jeßja, jezza) (nad +5)

Lage ßtanowischtscha (s)

Laken praßzina (w)

Lampe ljampa (w)

Land kra-ina (w)

Landkarte heahrafitschnaja karta (w)

Landschaft landschaft (m)

Landwirtschaft ßjel*ßkaja haßpadarka (w)

lang(e) douhi

langsam pawol*ny

langweilig nudny

laufen, rennen bjeha/z* (la, ub)

laut hutschny

leben shy/z* (-wu, -wjesch, -wje)

Leben shyzzjo (s)

Lebensmittel chartschowy produkt (m)

ledig njesamushnjaja (w)/ chalaßty (m)

leer pußty

legen kla/ßzi (-du, -dsjesch, -dsje)

Lehrer/in naßtaunik (m)/ naßtauniza (w)

leicht (nicht schwer) ljohki

leihen, sich (von) pasytscha/z* (la) (u +2)

lernen wutsch/yzza (-ußja, wutschyßja, -yzza)

lesen tschyta/z* (la)

Leute ljudsi (Mz, 2. -ljudsjej)

Licht ßwjatlo (s)

lieben ljub/iz* (-lju, ljub/isch, -iz*)

Lied pjeßnja (w)

liegen ljash/az* (lla)

Loch dsirka (w)

Lohn (Gehalt) sarplata (w)

lügen chlu/ßiz* (-schu, chluß/isch, -iz*, llb)

lustig wjaßjoly

M

machen rabiz* (rablju, rob/isch, robiz*, llb)

Mädchen dsjautschynka (w)

malen mal/jawaz* (-juju, -jujesch, -juje)

manchmal tschaßam

Mann mushtschyna (m, 2. -y)

Markt ryn/ak (m, 2. -ku)

Meer mora (s)

mehr bol*sch

Menge, Quantität kol*kaßz* (w, 2. -i)

Mensch tschalawjek (m, 2. -a)

merken, sich sapamina/z* (la)

mieten sdyma/z* (la)

Minute chwilina (w), minuta (w)

mit s, ßa (+5)

Mode moda (w)

möglich mahtschyma

Monat mjeßjaz (m, 2. -a)

Morgen raniza (w), ran/ak (m, 2. -ku)
morgen sautra
Motor mator (m, 2. -a)
Motorboot matornaja lodka (w)
Motorrad matazykl (m, 2. -a)
müde ßtomljeny
Müll ßmjezzje (s)
Museum musjej (m)
Musik musyka (w)
müssen (ich muss) treba (mnje treba)
Mutter mazi (w, undekl.)

N

nach (Richtung) u, na (+4)
nach (Zeit) paßlja (+2)
Nachmittag paßlja abjedu
Nachname proswischtscha (s)
Nachricht wjeßtka (w)
nächstes Mal naßtupny ras (m)
Nacht notsch (w, 2. -y)
nackt holy
Nadel iholka (w)
nah blißki
Name imja (s, Mz imjony)
nass mokry

Nationalität nazyjanal*naßz* (w, 2. -i)
Natur pryroda (w)
natürlich (nicht künstl.) natural*ny
neben kalja (+2)
nehmen braz* (bjaru, bjaresch, bjare)
nein nje
neu nowy
neugierig dapytliwy
nicht nje, njama
nichts nitschoha
niedrig niski
niemals nikoli + nje
niemand nichto + nje
nirgendwo/-hin nidsje + nje/ nikudy + nje
noch jaschtsche
noch einmal jaschtsche ras
Norden pounatsch (w, 2. -y)
normal narmal*ny
notwendig nje-abchodny
Nummer numar (m)
nur tol*ki

O

ob zi
oben nawjerßje
oder abo
öffnen adtschynja/z* (la)

oft tschaßta
ohne bjes (+2)
Öl aljej (m)
Öl (Maschinen-) maßla (s)
Onkel dsjads*ka (m, 2. -i)
organisieren arhanisouwa/z* (la)
Ort naßjeljeny punkt (m)
Osten ußchod (m)
Österreich Außtryja (w)
Österreicher außtryjez (m, 2. -yjza, Mz -yjzy)
Österreicherin außtryjka (w)

P

paar njekal*ki (+2)
Paar para (w)
Päckchen banderol* (w, 2. -i)
Paket paßylka (w)
Palast palaz (m, 2. -a)
Panne awaryja (w)
Papier papjera (w)
Park park (m)
parken park/awazza (-ujußja, Ib)
Pass paschpart (m, 2. -a, Mz -y)
Patient pazyjent (m, 2. -a)
Pause pjerapyn/ak (m, 2. -ku, Mz -ki)
Person aßoba (w)

Pflanze raßl̲i̲na (w)
Plan plan (m, 2. -a)
Platz (in der Stadt)
ploschtscha (w)
Platz (Sitz-) mj̲eßza (s)
plötzlich r̲aptam
Politik pal̲i̲tyka (w)
Preis z̲a̲na (w)
privat pryw̲a̲tny
Problem prablj̲e̲ma (w)
Programm prahr̲a̲ma
(w)
Prospekt praßpj̲e̲kt (m,
2. -a)
pünktlich punktu̲a̲l*ny

Q

Qualität j̲a̲kaßz* (w,
2. -i)

R

Radiogerät
radyjopryj̲o̲mnik (m,
2. -a)
Rat (Verwaltung)
ß̲a̲wjet (m, 2. -a)
Ratschlag par̲a̲da (w)
rauchen kur̲y̲z* (-u̲,
k̲u̲r/ysch, IIa)
Raum pamjaschk̲a̲nnje
(s)
rechnen litsch/y̲z* (-u̲,
l̲i̲tsch/ysch, IIa)
Rechnung rach̲u̲n/ak
(m, 2. -ku, Mz -ki)

Recht pr̲a̲wa (s, Mz -y̲)
Regen doshdsh (m,
2. dashdsh̲u̲)
Regenschirm paraß̲o̲n
(m)
registrieren (sich)
sarehißtr/aw̲a̲zza
(v, Ib)
reich bah̲a̲ty
reif (Frucht) ß̲p̲jely
Reise padar̲o̲sha (w)
Reisebüro turbjur̲o̲ (s,
undekl.)
reisen
padar̲o̲shnitscha/z*
(Ia)
reparieren
ramant/aw̲a̲z* (-u̲ju,
Ib)
reservieren
resjerw/aw̲a̲z* (-u̲ju,
Ib)
richtig pr̲a̲wil*ny
Richtung napr̲a̲mak (m)
roh ß̲y̲ry
Rucksack ruks̲a̲k (m,
2. -a̲, Mz -i̲)
rückständig adß̲t̲aly
rufen swaz* (saw̲u̲,
sawj̲e̲sch, sawj̲e̲)
Ruhe ß̲p̲akoj (m)
Russe/Russin r̲u̲ßk/i
(m, 2. -aha)/-aja (w,
2. -aj)
Russland Raß̲i̲ja (w)

S

Sache r̲e̲tsch (w, 2. -y)
sagen kas̲a̲z* (kash̲u̲,
k̲a̲shash, k̲a̲sha)
Salz ß̲o̲l* (w, 2. -i)
sammeln sbir̲a̲/z* (Ia)
Sand pj̲a̲ß/ok (m, 2. -k̲u̲,
Mz -k̲i̲)
satt ß̲y̲ty
Satz (Grammatik) ßkas
(m, 2. -a)
sauber tsch̲y̲ßty
sauber machen
tsch̲y̲/ßziz* (nur
-schtschu, IIb)
sauer k̲i̲ßly
Schallplatte
hramplaßz̲i̲nka (w)
scharf w̲o̲ßtry
Schere nashn̲i̲zy (Mz)
schicken paßyl̲a̲/z* (Ia)
schießen ßtral̲j̲a̲/z* (Ia)
Schiff karab/j̲e̲l* (m,
2. -lj̲a̲, Mz -l̲i̲)
schlafen ß̲p̲/az* (nur
ßplju, IIb)
Schlafsack ß̲p̲al*ny
mjasch̲o̲k (m)
Schlafzimmer ß̲p̲al*nja
(w)
schlagen biz* (b'ju,
b'jesch, b'je)
schlecht dr̲e̲ny, kjepß̲k̲i
Schloss (Gebäude)
s̲a̲m/ak (m, 2. -ka,
Mz -ki)

Schlüssel kljutsch (m, 2. -a, Mz -y)

schmackhaft ßmatschny

Schmerz bol* (m)

schmerzen (mir schmerzt) baljez*, mnje baliz*

Schmuck ubrannje (s)

schmutzig brudny

Schnaps harelka (w)

schnell chutki

schon usho

schön pryhoshy

schreiben pißaz* (pischu, pischasch, pischa)

schreien krytsch/az* (-u, IIa)

Schuhe abut/ak (m, 2. -ku)

schuldig winawaty

Schule schkola (w)

schwanger zjasharnaja

Schweiz Schwejzaryja (w)

Schweizer schwejzaraz (m, 2. -za, Mz -zy)

Schweizerin schwejzarka (w)

schwer (nicht leicht) zjashki

Schwester ßjaßtra (w, Mz ßjoßtry)

schwierig (nicht ein-fach) ßkladany

schwimmen plawa/z* (Ia)

schwitzen pazje/z* (Ia)

See (der) wosjera (s, Mz asjory)

sehen (aufmerksam betrachten) batsch/yz* (IIa)

sehen (mit den Augen wahrnehmen) hljad/sjez* (-shu, -sisch, -siz*)

Seide schouk (m)

Seife myla (s)

Seil troß (m, 2. -a)

seit s, ßa (+2)

Seite bok (m)

Sekunde ßjekunda (w)

selbst ßam (m, w -a, Mz -i)

selten redka

setzen, sich ßjada/zza (Ia)

sicher (verlässlich) nadsjejny

Silber ßrebra (s)

singen ßpjawa/z* (Ia)

sitzen ßjad/sjez* (-shu, -sisch, -siz*)

so tak, hetak

sofort adrasu

Sohn ßyn (m, 2. -a, Mz -y)

Sommer ljeta (s)

Sonne ßonza (s)

sparen ekanom/iz* (nur -lju, IIb)

spät posna

spazieren gehen hulja/z* (Ia)/ schpazyr/awaz* (-uju, Ib)

spielen ihra/z* (Ia), hulja/z* (Ia)

Spielzeug zazka (w)

Sport ßport (m)

Sprache mowa (w)

sprechen haw/aryz* (-aru, -orysch, IIb)

spritzen da/waz* (Ia) ukol (med.)

Staatsangehörigkeit hramadsjanßtwa (s)

Stadt horad (m, Mz harady)

stark ßil*ny

stehen ßta/jaz* (-ju, IIb)

Stein kam/jen* (m, 2. -nja, Mz kamjani)

Stelle, Ort mjeßza (s)

stellen ßta/wiz* (nur -ulju, IIb)

sterben pamira/z* (Ia)

Stil ßtyl* (m)

Stimme holaß (m, Mz halaßy)

Stoff tkanina (w)

stören pjeraschkadsha/z* (Ia)

Strafe kara (w), schtraf (m)

Strand pljash (m, -a)

Straße wuliza (w)

Streichhölzer sapalki (wMz)

streiten ßwaryzza (ßwar/ußja, IIa)

Stück schtuka (w)

Student/in ßtudent (m, 2. -a)/ -ka (w)

Stunde hadsina (w)

suchen schuka/z* (Ia)

Süden poud/sjen* (m, 2. -nja)

Summe ßuma (w)

Suppe ßup (m)

süß ßalodki

T

Tabak tytun* (m), tabaka (w)

Tag dsjen* (m, 2. dnja, Mz dni)

täglich schtodsjonna

Tal dalina (w)

Tankstelle bjensakalonka (w), saprauka (w)

Tante zjotka (w)

tanzen tanz/awaz* (-uju, Ib)

Tasche torba (w), ßumka (w)

telefonieren swan/iz* (-ju, IIb), teljefan/awaz* (-uju, Ib)

teuer darahi

Theater teatr (m, -a)

tief hlyboki

Tier shywjola (w)

Tochter datschka (w)

Tod ßmjerz* (w, 2. -i)

Toilettenpapier tualjetnaja papjera (w)

tot mjortwy

töten sabiwa/z* (Ia)

Tradition tradyzyja (w)

tragen naßiz* (naschu, noß/isch, -iz*, ub)

traurig ßumny

treffen (begegnen) ßußtraka/zza (Ia)

Treppe ßchody (Mz)

trinken piz* (p'ju, p'jesch, p'je)

Trinkgeld tschajawyja (Mz)

trocken ßuchi

tschüss pakul*, bywaj/zje (Ez)/ Mz)

tun rob/iz* (-lju, robisch, robiz*, IIb)

Tür dswjery (Mz)

Turm wjesha (w)

U

üben praktyk/awaz* (-uju, Ib)

über (örtl.) pras (+4), zjeraß (+4)

über (zeitl.) pras (+4)

überall ußjudy

übermorgen paßljasautra

übersetzen (Sprache) pjeraklada/z* (Ia)

Überweisung (Geld-) pjerawod (m) hroschaj

übrig lischny

Uhr hadsinnik (m)

um (Zeit) a (+6), u (+4)

um zu kab

Umgebung nawakollje (s)

Umleitung ab'jesd (m)

umtauschen mjenja/z* (Ia)

Umweg abychod (m)

Umwelt nawakol*naje aßjarodsje (s)

unbekannt njewjadomy

und i, dy, a

Unfall awaryja (w)

Universität unwerßitet (m, 2. -a)

unschuldig njewinawaty

unten unisje

unter pad (+5)

unterhalten, sich hutar/yz* (IIa)

Unterkunft prytul/ak (m, 2. -ku, Mz -ki)

unterrichten wyklada/z* (Ia)

unterschreiben padpißwa/z* (Ia)

Urlaub adpatschyn/ak (m, 2. -ku)

V

Valuta (Devisen)
waljuta (w)
Vater ba̱z*ka (2. -i)
verabreden (sich)
damaúlja̱/zza (la)
verabschieden, sich
raswita̱/zza (la, v)
verboten (es ist)
sabaro̱njena
Verbrechen
slatschynßtwa (s)
verdienen (Lohn)
sarablja̱/z* (la)
vergessen sabywa̱/z*
(la)
vergnügen, sich
wje̱ßjal/izza (-ju̱ßja, llb)
verirren, sich
sablud/si̱zza (-shu̱ßja,
-si̱ßja, -si̱zza, v)
verkaufen pradawa̱/z*
(la)
verleihen (etw.)
pasytscha̱/z* (la)
verletzt paschko̱dshany
Verletzung
paschko̱dshannje (s)
verlieben, sich
sakacha̱/zza (la, v)
verlieren (Dinge)
hublja̱/z* (la)
vermieten sda/wa̱z*
(la) ú are̱ndu
Vermittlung
paßre̱dniztwa (s)

Versicherung
ßtracho̱úka (w)
verspäten, sich
ßpasnja̱/zza (la)
verstehen rasumje̱/z*
(la)
versuchen
ßprab/awa̱z* (-u̱ju, lb)
viel schmat (+2),
mno̱ha (+2)
vielleicht ma̱byz*,
mo̱sha byz*
Vogel ptu̱schka (w)
Volk naro̱d (m)
voll po̱úny
von ad (+2), s (+2)
vor pje̱rad (+5)
vorbereiten
padrychto̱úwa̱/z* (la)
vorgestern
pasaútscho̱ra
vorher ranje̱j
Vormittag da po̱údnja
Vorname imja̱ (s,
Mz imjo̱ny)
vorne napje̱radsje
vorschlagen
prapano̱úwa̱/z* (la)
vorstellen (jmd.)
snajo̱m/iz* (nur -lju, llb)
vorstellen, sich
pasnajo̱m/izza (v, llb)

W

während pad tschaß
(+2)

Versicherung pra̱úda (w)
Wahrheit pra̱úda (w)
Wald lje̱ß (m)
Wand ßzjana̱ (w)
wandern wandr/awa̱z*
(-u̱ju, lb)
wann kali̱
Ware tawa̱r (m)
warm zjo̱ply
warten tschaka̱/z* (la)
warum tschamu̱
was schto
waschen my̱/z* (la)
waschen, sich my̱/zza
(la)
Wasser wada̱ (w)
Watte wa̱ta (w)
wechseln pamjan/ja̱z*
(la, v)
wecken bud/si̱z* (-u̱,
bud/sisch, -si̱z*)
Weg daro̱ha (w),
schljach (m)
wegen s-sa (+2)
weiblich shano̱tschy
weil bo
weinen pla̱/kaz*
(-tschu̱, -tscha̱sch,
-tscha̱)
weit daljo̱ki
welcher? jaki̱?
wenig ma̱la
wenig (ein) tro̱schki
wenn (als) kali̱
wenn (falls) kali̱, jak
Westen sa̱chad (m)
Wetter nadwo̱r`je (s)
wichtig wa̱shny

wie jak
wieder snoú
wiederholen
  paútara/z* (la)
Wind wjezjer (m, 2.
  wjet/ru, Mz -ry)
Winter sima (w)
wissen wjeda/z* (la)
wo dsje
Woche tyd/sjen* (m,
  2. -nja, Mz -ni)
woher adkul*
wohin kudy
wohnen shy/z* (-wu,
  -wjesch, -wje)

Wohnung kwatera (w)
wollen chazjez*
  (chatschu,
  chotsch/asch, -a)
Wort ßlowa (s)
Wörterbuch ßloúnik (m)
Wunde rana (w)
wünschen shada/z*
  (la) (+2)

Zahnpasta subnaja
  paßta
zeigen pakaswa/z* (la)

Zeit tschaß (m)
Zeitung gasjeta (w)
Zelt palatka (w)
Zentrum zentr (m, 2. -a)
Zigarette zyhareta (w)
Zimmer pakoj (m, 2. -a)
zu da (+2)
zu Fuß pjeschki
zu viel sanadta
zufrieden sdawoljeny
zurück nasad
zusammen rasam
zwischen pamish (+5)

Wörterliste Weißrussisch – Deutsch

A
---

a aber, und
a (+6) um (Zeit)
ab'jesd (m) Umleitung
abo oder
abut/ak (m, 2. **-ku**)
  Schuhe
abychod (m) Umweg
achwotna gern
ad (+2) aus, von
ad'jashdsha/z* (la)
  abfahren, abreisen
adkas (m) Antwort

adkaswa/z* (la)
  antworten
adkul* woher
adljata/z* (la)
  abfliegen
adpatschyn/ak (m,
  2. **-ku**) Urlaub
adpatschywa/z* (la)
  sich erholen
adraß (m, 2. **-a**) Adresse
adrasu sofort
adsin allein
adsin adnaho einander
adsin ras einmal

adsjennje (s) Kleidung
adßtaly rückständig
adtschynja/z* (la)
  öffnen
aharod (m, 2. **-a**) Garten
ahljada/z* (la)
  besichtigen
ahon* (m, 2. **ahnju**)
  Feuer
akno (s, Mz **okny**)
  Fenster
akuljary (Mz) Brille
alje aber
aljej (m) Öl

alkahol* (m) Alkohol

alo/wak (m, 2. **-úka**, Mz **-úki**) Bleistift

anhlijßki (**anhjel*ßki**) englisch

apawjadannje (s) Geschichte, Erzählung

arhanisoúwa/z* (Ia) organisieren

aßoba (w) Person

atruta (w) Gift

atrutnaja smjaja (w) Giftschlange

atrymliwa/z* (Ia) erhalten

Aúßtryja (w) Österreich

aúßtryjez (m, 2. **-yjza**, Mz **-yjzy**) Österreicher

aúßtryjka (w) Österreicherin

aútamabil*(m) Auto

awaryja (w) Panne, Unfall

babulja (w) Großmutter

bahash (m) Gepäck

bahaty reich

baja/zza (**-jußja**, **-ißja**, **-izza**) (+2) sich fürchten (vor)

baljez* schmerzen

banderol* (w, 2. **-i**) Päckchen

bank (m) Bank (Geld)

batareja (w) Batterie

batsch/yz* (IIa) sehen (aufmerksam betrachten)

baz*ka (2. **-i**) Vater

baz*ki (Mz) Eltern

bint (m) Binde

biz* (**b'ju, b'jesch, b'je**) schlagen

bjaßplatna kostenlos

bjedny arm

bjeha/z* (Ia) laufen, rennen (ub)

bjelaruß (m, 2. **-a**) Belarusse

Bjelaruß* (w, 2. **-i**) Belarus

bjelarußka (w) Belarussin

bjensakalonka (w) Tankstelle

bjes (+2) ohne

bjuro (s, undekl.) Büro

blank (m, 2. **-a**) Formular

bliski nah

bo weil

boh (m, 2. **-a**) Gott

bok (m) Seite

bol* (m) Schmerz

bol*sch mehr

brat (2. **-a**, Mz **-y**) Bruder

brat i ßjaßtra Geschwister

braz* (**bjaru, bjaresch, bjare**) nehmen

brudny schmutzig

bud/awaz* (**-uju**, Ib) bauen

bud/siz* (**-u, bud/sisch, -siz***) wecken

budyn/ak (m, 2. **-ka**) Gebäude

bukßir/awaz* (Ib) abschleppen

butel*ka (w) Flasche

byz* (Zukunft: **budu, budsjesch, budsje**) sein (Hilfsverb)

byz* halodnym hungrig sein

chab/ar (m, 2. **-ru**) Bestechungsgeld

chadsiz* (**chadshu, chodsisch, chodsiz***) (ub) gehen

chaladnawaty kühl

chaladsil*nik (m, 2. **-a**) Kühlschrank

chalaßty (m) ledig (Männer)

chartschowy produkt (m) Lebensmittel

chatnjaja haßpadarka Hausfrau

chazjez* (**chatschu, chotsch/asch, -a**) wollen

chljeb (m, 2. **-a**) Brot

chloptschyk (m, 2. **-a**) Junge

chlu/ßiz* (-schu, chluß/isch, -iz*, IIb) lügen

choladny kalt

chopiz* genug

chto-njebuds* jemand

chtoß*zi jemand

chudy dünn (schlank)

chutki schnell

chwaroba (w) Krankheit

chwilina (w) Minute

chwory krank

D

da (+2) bis, zu

da poúdnja Vormittag

da (la) **ukol** (med.) spritzen

dach (m, Mz dochi) Dach

dakladny genau

dakumjent (m, 2. -a) Ausweis, Dokument(e)

dalina (w) Tal

daljoki fern, weit

damaúlja/zza (la) verabreden (sich)

dapamaha/z* (la) helfen

dapamoha (w) Hilfe

dapytliwy neugierig

darahi teuer

daroha (w) Weg

daswalja/z* (la) erlauben

daswol (m) Erlaubnis

datschka (w) Tochter

dawa/z* (-ju, la, uv) geben

dawjedka (w) Auskunft

daz* (dam, daßi, daßz*, dadsim, daßzje, daduz*, v) geben

dlja (+2) für

dobry gut

dokas (m) Beweis

dom (m, Mz damy) Haus

doshdsh (m, 2. dashdshu) Regen

doßyz* genug

doúhi lang(e)

dreny schlecht

drewa (s) Holz, Baum

dsirka (w) Loch

dsizja (s, 2. -zi, Mz dsjezi) Kind

dsjads*ka (m, 2. -i) Onkel

dsjadul/ja (m, 2. -i) Großvater

dsjak/awaz* (Ib) danken

dsjakuj (m) danke

dsjaútschyna (w) Fräulein

dsjaútschynka (w) Mädchen

dsje wo

dsjelja (+2) für

dsjen* (m) naradshennja Geburtstag

dsjen* (m, 2. dnja, Mz dni) Tag

dswjery (Mz) Tür

duma/z* (la) denken

durny dumm

dy und

dyjaljekt (m) Dialekt

dyßkateka (w) Diskothek

E

ekanom/iz* (nur -lju, IIb) sparen

exkurßija (w) Führung

F

fabryka (w) Fabrik

falklor (m) Folklore

farba (w) Farbe (Lack...)

fil*m (m, 2. -a) Film (Kino-)

flirt/awaz* (Ib) flirten

fotaaparat (m, 2. -a) Fotoapparat

fotapljonka (w) Film (Foto-)

fotasdymka (w) Fotografie

frukt (m, 2. -a) Frucht

G

gasjeta (w) Zeitung

H

hadsina (w) Stunde

hadsinnik (m) Uhr

hand/al* (m, 2. **-lju**)
  Handel

har/ez* (**-u,** IIa)
  brennen

hara (w) Berg

haratschy heiß

harelka (w) Schnaps

has (m) Gas

haßpadar (m)/ **-ka** (w)
  Gastgeber/in

haßzinaßz* (w, 2. **-i**)
  Gastfreundschaft

hatowy fertig

haw/aryz* (**-aru,**
  -orysch, IIb)
  sprechen

heahrafitschnaja karta
  (w) Landkarte

hetak so

hihijena (w) Hygiene

hißtoryja (w)
  Geschichte (Historie)

Hjermanija (w) Deutsch-
  land

hljad/sjez* (**-shu,**
  -sisch, -siz*) sehen
  (mit den Augen
  wahrnehmen)

hlyboki tief

hnily faul (Obst)

hnoj (m) Eiter

hod (m, 2. **-a**, Mz **hady**)
  Jahr

holaß (m, Mz **halaßy**)
  Stimme

holy nackt

horad (m, Mz **harady**)
  Stadt

hory (wMz) Gebirge

hoßz* (m, 2. **-ja**) Gast

hramadsjan/in (m)/ **-ka**
  (w) **-je** (Mz) Bürger/in
  (Staats-)

hramadsjanßtwa (s)
  Staatsangehörigkeit

hramatyka (w)
  Grammatik

hramplaßzinka (w)
  Schallplatte

hroschy (Mz, 2. **-aj**) Geld

hrudsi (wMz) Brust

hrupa (w) Gruppe

hublja/z* (Ia) verlieren
  (Dinge)

hulja/z* (Ia) spielen,
  spazieren gehen

hutar/yz* (IIa)
  sich unterhalten

hutschny laut

I

i auch, und

iholka (w) Nadel

ihra/z* (Ia) spielen

ilhota (w) Ermäßigung

imja (s, Mz **imjony**)
  (Vor-)Name

impart (m) Einfuhr

infarmaw/azza (**-ujußja,**
  Ib) sich informieren

infarmazyja (w)
  Information

ißzi (**idu, idsjesch,**
  idsje, b) gehen

J

ja saßtudsi/úßja (m),
  -laßja (w) erkältet sein
  (ich habe mich
  erkältet)

jajka (s) Ei

jak wenn (falls),
  wie

jakaßz* (w, 2. **-i**)
  Qualität

jaki? welcher?

jaschtsche ras
  noch einmal

jaschtsche noch

jesds/iz (nur **jeshdshu,**
  IIb, ub) fahren

jesha (w) Essen (das)

jeßzi (**jem, jaßi, jeßz*,**
  jadsim, jadsizje,
  jaduz*) essen

K

kab damit, um zu

kali als, wenn (zeitl.),
  wann

kalja (+2) neben

kam/jen* (m, 2. **-nja**,
Mz **kamjani**) Stein

kan/jez (m, 2. **-za**) Ende

kanikuly (Mz) Ferien

kantral/jawaz* (**-juju**,
-jujesch, **-juje**)
kontrollieren

kanzert (m) Konzert

kara (w) Strafe

kara/z* (Ia) bestrafen

karab/jel* (**m**, 2. **-lja**,
Mz **-li**) Schiff

karotki kurz

karta (w) Karte

karzina (w) Bild

kasaz* (**kashu**,
kashash, **kasha**)
sagen

kascht/awaz* (**-uju**, Ib)
kosten (Preis),
probieren

kaßa (w) Kasse

kinateatr (m, **-a**) Kino

kißly sauer

kjepßki schlecht

kla/ßzi (**-du**, **-dsjesch**,
-dsje) legen

kljutsch (m, 2. **-a**, Mz **-y**)
Schlüssel

kniha (w) Buch

kol*kaßz* (w, 2. **-i**)
Menge, Quantität

koljer (m) Farbe (rot,
grün …)

konßul*ßtwa (s)
Konsulat

koscht (m) **prajesdu**
Fahrpreis

koshny ras jedesmal

koshny jeder

koùdra (w) Decke (Bett)

krads/jesh (m, 2. **-jas-
hu**, Mz **-jashy**) Dieb-
stahl

kra-ina (w) Land

krychu bisschen

krytsch/az* (**-u**, IIa)
schreien

kryù/dsiz* (nur **-dshu**,
IIb) beleidigen

kudy wohin

kupa/zza (Ia) baden

kupal*nik (m, 2. **-a**)
Badeanzug

kuplja/z* (Ia) kaufen

kuryz* (**-u**, **kur/ysch**, IIa)
rauchen

kwatera (w) Wohnung

kwjetka (w) Blume

L

landschaft (m)
Landschaft

laßkawy freundlich

laùka (w) Bank

lischny übrig

lißt/ok (m, 2. **-ka**, Mz **-ki**)
Blatt

litara (w) Buchstabe

litsch/yz* (**-u**,
litsch/ysch, IIa)
rechnen

lja (+2) bei

ljampa (w) Lampe

ljaniwy faul (träge)

ljash/az* (IIa) liegen

ljata/z* (Ia, ub) fliegen

ljatsch/yz* (**-u**,
ljetsch/ysch, **-yz***)
behandeln (Krankh.)

ljepjej besser

ljepsch besser

ljeß (m) Wald

ljeta (s) Sommer

ljohki leicht (n. schwer)

ljub/iz* (**-lju**, **ljub/isch**,
-iz*) lieben

ljudsi (Mz, 2. **-ljudsjej**)
Leute

lodka (w) Boot

losh/ak (m, 2. **-ka**) Bett

M

mabyz* vielleicht

mah/tschy (**-u**, **mos-
hasch**, **mosha**)/
umje/z* (Ia) können

mahtschyma möglich

majßternja (w)
Autowerkstatt

mal/jawaz* (**-juju**,
-jujesch, **-juje**) malen

mala wenig

malady jung

maljenki klein

maroshan/aje (s,
2. **-aha**) (Speise-)Eis

maschyna (w) Fahrzeug

maßla (s) (Maschinen-) Öl

maßtaztwa (s) Kunst

matazykl (m, 2. **-a**) Motorrad

mator (m, 2. **-a**) Motor

matornaja lodka (w) Motorboot

mazi (w, undekl.) Mutter

minuta (w) Minute

mir (m, 2. **-a**) Frieden

mishnarodny international

mjaßa (s) Fleisch

mjaßzowaßz* (w, 2. **-i**) Gegend

mje/z* (**maju, majesch, maje**) haben

mje/z* prawa dürfen

mjenja/z* (Ia) umtauschen

mjersn/uz* (**-u, -jesch, -je**) frieren

mjeßjaz (m, 2. **-a**) Monat

mjeßza (s) Stelle, Ort, (Sitz-)Platz

mjortwy tot

mnje chotschazza piz* Durst (ich habe)

mnje padabajezza gefallen (mir gefällt)

mnje treba brauchen (ich brauche)

mnoha (+2) viel

moda (w) Mode

mokry nass

mora (s) Meer

mosha byz* vielleicht

moßt (m, 2. **maßt/a**, Mz **-y**) Brücke

mowa (w) Sprache

mush (m, 2. **-a**, Mz **-y**) Ehemann

mushtschyna (m, 2. **-y**) Mann

musjej (m) Museum

musyka (w) Musik

my/z* (Ia) waschen

my/zza (Ia) sich waschen

myla (s) Seife

N

na (+4) nach (Richtung)

na (+6) auf

nadsjejny sicher (verlässlich)

nadwor`je (s) Wetter

naha (w) Fuß

najaúnyja hroschy (Mz) Bargeld

napjeradsje vorne

napramak (m) Richtung

narmal*ny normal

narod (m) Volk

nasad zurück

nashnizy (Mz) Schere

naßiz* (**naschu, noß/isch, -iz***, ub) tragen

naßjakomaje (s) Insekt

naßjeljeny punkt (m) Ort

naßtaúnik (m) Lehrer

naßtaúniza (w) Lehrerin

naßtupny ras (m) nächstes Mal

naßupraz* (+2) gegenüber

natural*ny natürlich (nicht künstl.)

nawakol*naje aßjarodsje (s) Umwelt

nawakollje (s) Umgebung

nawal*niza (w) Gewitter

nawjedwa/z* (Ia) besuchen

nawjedwanje (s) Besuch

nawjerßje oben

nazyjanal*naßz* (w, 2. **-i**) Nationalität

nichto + **nje** niemand

nidsje + **nje** nirgendwo

nikoli + **nje** niemals

nikudy + **nje** nirgendwohin

niski niedrig

nitka (w) Faden

nitschoha nichts

njama nicht

Njamjetschyna (w) Deutschland

njamjezki deutsch

nje nein, nicht

nje-abchodny notwendig

njebjaßpjetschny
gefährlich

njekal*ki (+2) paar

njekatoryja einige

njemjez (m, 2. -jza,
Mz -jzy) Deutscher

njemka (w) Deutsche

njaprawil*ny falsch

njesamushnjaja (w)
ledig (Frauen)

njeúsabawje bald

njewinawaty
unschuldig

njewjadomy unbekannt

notsch (w, 2. -y) Nacht

nowy neu

nudny langweilig

numar (m) Nummer

P

p'jany betrunken

pa/ljez (m, 2. -l*za,
Mz -l*zy) Finger

pad (+5) unter

pad tschaß (+2)
während

padarosha (w) Reise

padaroshnitscha/z* (la)
reisen

padarun/ak (m, 2. -ka,
Mz -ki) Geschenk

padmanwa/z* (la)
betrügen

padpißwa/z* (la)
unterschreiben

padrychtoúwa/z* (la)
vorbereiten

padsjeja (w) Ereignis

padyma/z* (la) heben

pakaswa/z* (la) zeigen

pakoj (m, 2. -a) Zimmer

pakul*, bywaj/zje (Ez)/
Mz) tschüss

palatka (w) Zelt

palaz (m, 2. -a) Palast

palityka (w) Politik

palowa (w) Hälfte

pamira/z* (la) sterben

pamish (+5) zwischen

pamjaschkannje (s)
Raum

pamjata/z* (la) sich
erinnern

pamjan/jaz* (la, v)
wechseln

pamjer (m) Größe
(Kleidung u.ä.)

pamylka (w) Fehler

papjera (w) Papier

para (w) **hoda**
Jahreszeit

para (w) Paar

parada (w) Ratschlag

paraßon (m)
Regenschirm

park (m) Park

park/awazza (-ujußja,
lb) parken

parom (m, 2. -a) Fähre

pasaútschora
vorgestern

paschkodshannje (s)
Verletzung

paschkodshany verletzt

paschpart (m, 2. -a,
Mz -y) Pass

pashar (m) Brand

pasnajom/izza (v, llb)
sich vorstellen

paßlja (+2) nach (Zeit)

paßlja abjedu
Nachmittag

paßljasaútra
übermorgen

paßol*ßtwa (s)
Botschaft (dipl.)

paßredniztwa (s)
Vermittlung

paßudsina (w) Gefäß

paßyla/z* (la) schicken

paßylka (w) Paket

pasytscha/z* (la) (**u** +2)
sich leihen (von)

pasytscha/z* (la)
verleihen (etw.)

patschuwa/zza (la)
sich fühlen

patschuzzjo (s) Gefühl

patschyna/z* (la)
anfangen

paútara/z* (la)
wiederholen

pawjedamlja/z* (la)
benachrichtigen

pawjerch (m) Etage

pawol*ny langsam

pazje/z* (la) schwitzen

pazyjent (m, 2. -a)

Patient

piß<u>az</u>* (**pischu,**
pischasch, pischa)
schreiben

pi<u>ú</u>bar (m) Kneipe

piz* (**p'ju, p'jesch, p'je**)
trinken

pjar<u>eß</u>ty bunt

pjaß/<u>ok</u> (m, 2. **-k<u>u</u>,**
Mz **-ki**) Sand

pjatsch<u>e</u>nnje (s) Gebäck

pj<u>e</u>rad (+5) vor

pjerakl<u>a</u>da/z* (la)
übersetzen (Sprache)

pjerap<u>y</u>n/ak (m, 2. **-ku,**
Mz **-ki**) Pause

pjeraschk<u>a</u>dsha/z* (la)
stören

pjeraß<u>ta</u>/w<u>az</u>* (la)
aufhören

pjerawod (m) **hroschaj**
Überweisung (Geld-)

pjer<u>on</u> (m) Bahnsteig

pjersch tschym bevor

pjeschki zu Fuß

pj<u>e</u>ßnja (w) Lied

pj<u>e</u>tschywa (s) Gebäck

pl<u>a</u>/kaz* (**-tschu,**
-tschasch, -tscha)
weinen

plan (m, 2. **-a**) Plan

pl<u>a</u>ta (w) Gebühr

platf<u>o</u>rma (w)
Bahnsteig

plaúki (Mz) Badehose

pl<u>a</u>wa/z* (la)
schwimmen

plaz<u>iz</u>* (**platsch<u>u</u>,**
pl<u>o</u>zisch, pl<u>o</u>ziz*)
bezahlen

plj<u>a</u>schka (w) Flasche

pljash (m, **-a**) Strand

pl<u>o</u>schtscha (w) Platz
(in der Stadt)

p<u>o</u>lje (s) Feld

p<u>o</u>mnik (m, 2. **-a**)
Denkmal

port (m) Hafen

p<u>o</u>sna spät

p<u>o</u>ßpjech (m) Erfolg

p<u>o</u>tym danach

po<u>ú</u>d/sjen* (m, 2. **-nja**)
Süden

po<u>ú</u>natsch (w, 2. **-y**)
Norden

po<u>ú</u>ny dick, voll

pra/ß<u>iz</u>* (**-sch<u>u</u>,**
pr<u>o</u>ßisch, pr<u>o</u>ßiz*)
bitten

prab<u>a</u>tschzje!
Entschuldigung!

prablj<u>e</u>ma (w) Problem

prad<u>a</u>wa/z* (la)
verkaufen

prafj<u>e</u>ßija (w) Beruf

prahr<u>a</u>ma (w)
Programm

praktyk/<u>a</u>wa<u>z</u>* (**-uju,** lb)
üben

pr<u>a</u>ma geradeaus

pramyßl<u>o</u>waßz* (w, 2. **-i**)
Industrie

prapano<u>ú</u>wa/z* (la)
vorschlagen

pras (+4) in, über
(zeitl.), durch (quer)

pr<u>a</u>ßpjekt (m, 2. **-a**)
Prospekt

pr<u>a</u>ßzina (w) Laken

pra<u>ú</u>da (w) Wahrheit

pr<u>a</u>wa (s, Mz **-y**) Recht

pr<u>a</u>wil*ny richtig

praz/aw<u>az</u>* (**-uju,** lb)
arbeiten

prazj<u>a</u>hwa/zza (3. Ez
-jezza) dauern

presjerwaty/<u>ú</u> (m,
2. **-wa**, Mz **-wy**)
Kondom

pr<u>o</u>ß*ba (w) Bitte

pr<u>o</u>ßta einfach

pr<u>o</u>swischtscha (s)
Nachname

prybl<u>i</u>sna etwa

prybyw<u>a</u>/z* (lb)
ankommen

prybyzzj<u>o</u> (s) Ankunft

prych<u>o</u>d/siz* (**-shu,** llb)
(an-)kommen

pryh<u>o</u>shy schön

prykl<u>a</u>d (m) Beispiel

pryma/z* (la) **haßzjej**
empfangen (Gäste)

pryn<u>oß</u>/iz* (**prynasch<u>u</u>,**
pryn<u>oß</u>/isch, -iz*)
bringen

prypr<u>a</u>wa (w) Gewürz

pyr<u>o</u>da (w) Natur

prytul/ak (m, 2. **-ku,**
Mz **-ki**) Unterkunft

pryw<u>a</u>tny privat

prywita/z* (la)
begrüßen
prywyka/z* (la) (**da** +2)
sich gewöhnen (an)
ptuschka (w) Vogel
punktual*ny pünktlich
pußty leer
pyta/z* (la) fragen
pytannje (s) Frage

R

ra/iz* (la) empfehlen
rob/iz* (**-lju, robisch, robiz***, llb) tun
rabiz* (**rablju, robisch, robiz***) machen
rabiz* pryschtschepku impfen
rabotsch/y (m)/ **-aja** (w) Arbeiter/in
rachun/ak (m, 2. **-ku,** Mz **-ki**) Rechnung
rad/awazza (llb) sich freuen
radyjopryjomnik (m, 2. **-a**) Radiogerät
raka (w, Mz **reki**) Fluss
ramant/awaz* (**-uju**, lb) reparieren
rana (w) Wunde
rana früh
raniza (w), **ran/ak** (m, 2. **-ku**) Morgen
ranjej vorher
raptam plötzlich

rasam zusammen
rasmowa (w) Gespräch
Raßija (w) Russland
raßkaswa/z* (la)
erzählen
raßlina (w) Pflanze
raßprana/zza (la)
sich ausziehen
raßßypa/zza (la)
aufwachen
raßtlumatschwa/z* (la)
erklären
rasumje/z* (la)
verstehen
rasumny klug
raswita/zza (la) (v)
sich verabschieden
redka selten
resjerw/awaz* (**-uju,** lb)
reservieren
retsch (w, 2. **-y**) Ding, Sache
ruksak (m, 2. **-a**, Mz **-i**)
Rucksack
rupliwy fleißig
rußk/aja (w, 2. **-aj**)
Russin
rußk/i (m, 2. **-aha**)
Russe
ryba (w) Fisch
ryn/ak (m, 2. **-ku**) Markt

S

s (+2) aus, seit, von
s (+5) mit

sa als (Vergleich), hinter
sabaronjena (es ist)
verboten
sabiwa/z* (la) töten
sablud/sizza (**-shußja, -sißja, -sizza,** v)
sich verirren
sabranir/awaz* (lb)
buchen
sabywa/z* (la)
vergessen
sachad (m) Westen
sahadtschyk (m, 2. **-a**)
Chef
sahraniza (w) Ausland
sakacha/zza (la, v)
sich verlieben
sakantschwa/z* (la)
beenden
sakas (m) Bestellung
sakaswa/z* (la)
bestellen
sakon (m) Gesetz
sam/ak (m, 2. **-ka,** Mz **-ki**) Burg, Schloss (Gebäude)
samjeshny ausländisch
sanadta zu viel
sapalki (wMz)
Streichhölzer
sapamina/z* (la)
sich merken
saprascha/z* (la)
(**u hoßzi**) einladen
(zu Gast)

sapraschennje (s)
Einladung

sapraúka (w) Tankstelle

saptschaßtka (w)
Ersatzteil

sarablja/z* (la)
verdienen (Lohn)

saras jetzt

sarehißtr/awazza (v, lb)
registrieren (sich)

sarplata (w) Lohn,
Gehalt

saßta/wazza (-jußja, la)
bleiben

saúshdy immer

saúßjody immer

saútra morgen

sawul/ak (m, 2. -ka)
Gasse

sbira/z* (la) sammeln

schafjor (m, 2. -a)
Chauffeur

schkljanka (w) (Trink-)
Glas

schklo (s) Glas
(Material)

schkola (w) Schule

schljach (m) Weg

schmat (+2) viel

schoúk (m) Seide

schpazyr/awaz* (-uju,
lb) spazieren gehen

schto dass, was

schtodsjonna täglich

schtohadowy jährlich

schto-nischto etwas

schtraf (m) Strafe

schtschaßliwy
glücklich

schtschaßzje (s) Glück

schtuka (w) Stück

schuka/z* (la) suchen

schwejzaraz (m, 2. -za,
Mz -zy) Schweizer

schwejzarka (w)
Schweizerin

Schwejzaryja (w)
Schweiz

schyroki breit

sda/waz* (la) **ú arendu**
vermieten

sdaroúje (s) Gesundheit

sdarowy gesund

sdawoljeny zufrieden

sdyma/z* (la) mieten

shada/z* (la) (+2)
wünschen

shanotschy weiblich

shantschyna Frau

s-hodny einverstanden

shonka (w) Ehefrau

shy/z* (-wu, -wjesch,
-wje) leben, wohnen

shychar (m, 2. -a, Mz -y)/
-ka (w) Einwohner/in

shywjola (w) Tier

shyzzjo (s) Leben

sima (w) Winter

sjamlja (w) Erde

slamany kaputt

slatschynßtwa (s)
Verbrechen

snachod/siz* (nur -shu,
llb) (uv) finden

snachodshannje (s)
Aufenthalt

snajom/iz* (nur -lju, llb)
vorstellen (jmd.)

snajom/izza (nur -ljußja,
llb) sich
bekanntmachen

snajßzi (v, Verg.:
snajschoú (m),
snajschla (w) finden

snoú wieder

solata (w) Gold

s-sa (+2) wegen

s-sadu hinten

ß

ßa (+2) seit

ßa (+5) mit

ßa/dsizza (nur -dshußja,
llb) **(u)** einsteigen (in)

ßad (m) Garten

ßalodki süß

ßam (m, w -a, Mz -i)
selbst

ßapraúdny echt, gültig

ßardetschny herzlich

ßawjet (m, 2. -a)
Rat (Verwaltung)

ßchody (Mz) Treppe

ßil*ny stark

ßjab/ar (m, 2. -ra, Mz -ry)
Freund

ßjabroúka (w) Freundin

ßjabroúßtwa (s)
Freundschaft

ßjad/sjez* (**-shu, -sisch, -siz***) sitzen

ßjada/zza (la) sich setzen

ßjam'ja (w, Mz **ßjem'i**) Familie

ßjamjejnaja para (w) Ehepaar

ßjaßtra (w, Mz **ßjoßtry**) Schwester

ßjekunda (w) Sekunde

ßjel*ßkaja haßpadarka (w) Landwirtschaft

ßjonnja heute

ßkar/dsizza (nur **-dshußja**, llb) sich beschweren

ßkas (m, 2. **-a**) Satz (Grammatik)

ßkladany kompliziert, schwierig

ßlawuty berühmt

ßloúnik (m) Wörterbuch

ßlowa (s) Wort

ßlucha/z* (la) hören

ßlushatsch/y (m)/ **-aja** (w) Angestellte/r

ßmatschny schmackhaft

ßmja/jazza (**-jußja, jeßja, jezza**) (**nad** +5) lachen (über etw.)

ßmjerz* (w, 2. **-i**) Tod

ßmjezzje (s) Müll

ßol* (w, 2. **-i**) Salz

ßonza (s) Sonne

ßpadar Herr

ßpadarynja (w) Frau (Anrede)

ßpadsja/wazza (**-jußja**, la) hoffen

ßpakoj (m) Ruhe

ßpal*nja Schlafzimmer

ßpal*ny mjaschok (m) Schlafsack

ßpasnja/zza (la) sich verspäten

ßp/az* (nur **ßplju**, llb) schlafen

ßpjascha/zza (la) sich beeilen

ßpjawa/z* (la) singen

ßpjely reif (Frucht)

ßport (m) Sport

ßprab/awaz* (**-uju**, lb) versuchen

ßpynja/z* (la) anhalten

ßrebra (s) Silber

ßta/jaz* (**-ju**, llb) stehen

ßta/wiz* (nur **-úlju**, llb) stellen

ßtanowischtscha (s) Lage

ßtaraja (w) Alte (Person)

ßtary (m) Alter (Person)

ßtary alt

ßtomljeny müde

ßtrach (m) Angst

ßtrachoúka (w) Versicherung

ßtralja/z* (la) schießen

ßtudent (m, 2. **-a**)/**-ka** (w) Student/in

ßtyl* (m) Stil

ßuchi trocken

ßuma (w) Summe

ßumka (w) Tasche

ßumny traurig

ßup (m) Suppe

ßuprawadsha/z* (la) begleiten

ßupraz* (+2) gegen

ßußtraka/zza (la) treffen, begegnen

ßuwenir (m, 2. **-a**) Andenken

ßwabodny frei

ßwaryzza (**ßwar/ußja**, lla) streiten

ßwjata (s) Feier

ßwjata Fest

ßwjatk/awaz* (lb) feiern

ßwjatlo (s) Licht

ßwjeshy frisch (Obst)

ßwjetly hell

ßyn (m, 2. **-a**, Mz **-y**) Sohn

ßyry roh

ßyty satt

ßzjana (w) Wand

subnaja paßta Zahnpasta

swan/iz* (**-ju**, llb) telefonieren

swaz* (**sawu, sawjesch, sawje**) rufen

swytschaj (m) Brauch

A→Z Wörterliste Weißrussisch – Deutsch

T

tabaka (w) Tabak

tady dann

tak ja, so

takßama auch

tam da, dort

tamu darum, deshalb

tanny billig

tanz/awaz* (-uju, lb) tanzen

tarh/awazza (lb) feilschen

tawar (m) Ware

tawaryßtwa (s) Gesellschaft (Verein)

teatr (m, -a) Theater

teljefan/awaz* (-uju, lb) telefonieren

teljewisar (m, 2. -a) Fernsehgerät

terminowa dringend

tkanina (w) Stoff

tol*ki nur

tonki dünn

torba (w) Tasche

toußty dick

tradyzyja (w) Tradition

trawa (w) Gras

treba (mnje treba) müssen (ich muss)

troschki bisschen, (ein) wenig

troß (m, 2. -a) Seil

tryma/z* (la) halten

tschaka/z* (la) warten

tschalawjek (m, 2. -a) Mensch

tschamadan (m, 2. -a) Koffer

tschamu warum

tschaß (m) Zeit

tschaßam manchmal

tschaßta oft

tschajawyja (Mz) Trinkgeld

tschu/z* (la) hören

tschushasjem/jez (m) Ausländer

tschushasjem/ka (w) Ausländerin

tschushy fremd

tschy/ßziz* (nur -schtschu, llb) sauber machen

tschyßty sauber

tschyta/z* (la) lesen

tualjetnaja papjera (w) Toilettenpapier

tudy dorthin

turbjuro (s, undekl.) Reisebüro

turma (w) Gefängnis

tut hier

tyd/sjen* (m, 2. -nja, Mz -ni) Woche

tytun* (m) Tabak

U

u (+2) bei

u (+4) nach (Richtung), um (Zeit)

ubrannje (s) Schmuck

uladal*nik (m, 2. -a) Besitzer

ulaßnaßz* (w, 2. -i) Eigentum

unisje unten

unu/k (m, 2. -ka)/ -tschka** (w) Enkel/in

unwerßitet (m, 2. -a) Universität

usho schon

uslom (m) Einbruch

usroßt (m) (Lebens-) Alter

ußchod (m) Osten

ußjo alles

ußjudy überall

ußmicha/zza (la) lächeln

ußtanowa (w) Behörde

usta/waz* (la) aufstehen

utschora gestern

utul*ny gemütlich

uwachod (m) Eingang

uwachod/siz* (-shu, llb) eintreten

uwjeß* ganz

uwos (m) Einfuhr

W

wada (w) Wasser

waha (w) Gewicht

waksal (m, -a) Bahnhof

waljuta (w) Valuta, Devisen

w<u>a</u>nnaja (w)
Badezimmer

wandr/aw<u>a</u>z* (-**uju**, lb)
wandern

w<u>a</u>r/yz* (-**u**, w<u>a</u>rysch,
-**yz***) kochen

w<u>a</u>shny wichtig

w<u>a</u>ta (w) Watte

w<u>a</u>z* (la) **uk<u>o</u>l** (med.)
spritzen

w<u>a</u>z* (-**ju**, la, uv) geben

wil*h<u>o</u>tny feucht

winaw<u>a</u>ty schuldig

winsch/aw<u>a</u>z* (-**uju**, lb)
gratulieren

wit<u>a</u>/z* (la) grüßen

wit<u>a</u>/zza (la) sich
grüßen

wjal<u>i</u>ki groß

wj<u>a</u>ßjellje (s) Hochzeit

wj<u>a</u>ßjoly fröhlich, lustig

wj<u>a</u>ßn<u>a</u> (w) Frühling

wjed<u>a</u>/z* (la) kennen,
wissen

wjelaßipj<u>e</u>d (m, 2. -**a**)
Fahrrad

wj<u>e</u>r/yz* (lla) glauben

wj<u>e</u>sha (w) Turm

wj<u>e</u>ßjal/<u>i</u>zza (-**jußja**, llb)
sich vergnügen

wj<u>e</u>ßtka (w) Nachricht

wj<u>e</u>tliwy höflich

wj<u>e</u>tschar (m, Mz -**y**)
Abend

wj<u>e</u>zjer (m, 2. **wj<u>e</u>t/ru**,
Mz -**ry**) Wind

wj<u>o</u>ßka (w) Dorf

w<u>o</u>l*ny frei

w<u>o</u>sjera (s, Mz **as<u>jo</u>ry**)
See (der)

w<u>o</u>ßjen* (w, 2. -**i**)
Herbst

w<u>o</u>ßtra/ú (m, 2. -**wa**,
Mz **aßtr<u>a</u>wy**) Insel

w<u>o</u>ßtry scharf

w<u>u</u>liza (w) Straße

w<u>u</u>ska eng

wutsch/<u>y</u>zza (-**<u>u</u>ßja**,
w<u>u</u>tschyßja, -**yzza**)
lernen

wych<u>a</u>d (m) Ausgang

wych<u>o</u>d/siz* (-**shu**,
-**sisch**, -**siz***)
aussteigen

wyd<u>a</u>tna ausgezeichnet

wyd<u>a</u>tny berühmt

wyj<u>e</u>sd (m) Ausreise

wykl<u>a</u>da/z* (la)
unterrichten

wym<u>a</u>úljennje (s)
Aussprache

wyrasch<u>a</u>/z* (la)
entscheiden

wyß<u>o</u>ki hoch

wyßt<u>a</u>wa (w)
Ausstellung

w<u>y</u>was (m) Ausfuhr

Z

zal/aw<u>a</u>z* (-**uju**, lb)
küssen

z<u>a</u>na (w) Preis

zark<u>wa</u> (w, Mz **z<u>e</u>rkwy**)
Kirche

z<u>a</u>zka (w) Spielzeug

zentr (m, 2. -**a**) Zentrum

zi ob

zik<u>a</u>/wizza (-**ùlj<u>u</u>ßja**,
-**w/ißja**, llb) sich
interessieren (für)

zik<u>a</u>wy interessant

zj<u>a</u>pj<u>e</u>r jetzt

zj<u>a</u>sharnaja schwanger

zj<u>a</u>shki schwer (nicht
leicht)

zj<u>e</u>ras (+4) durch (quer),
in, über (örtl.)

zj<u>o</u>mny dunkel

zj<u>o</u>ply warm

zj<u>o</u>tka Tante

zud<u>o</u>úna ausgezeichnet

zwj<u>o</u>rdy fest, hart

zyhar<u>e</u>ta (w) Zigarette

Der Autor

Holger Knauf: Ich wurde 1973 in Erfurt geboren und verbrachte dort meine Schulzeit. Von 1994 bis 1996 studierte ich in Jena und Minsk Slawistik. Seitdem lassen mich die ostslawischen Menschen und Sprachen nicht wieder los: Regelmäßig reise ich in die Ukraine und nach Belarus. Als freier Mitarbeiter des Internationalen Bildungs- und Begegnungswerkes in Dortmund habe ich vielfältige Kontakte zu belarussischen Menschen. Vielleicht führt mich mein Studienfach Deutsch als Fremdsprache demnächst wieder für eine längere Zeit nach Belarus ...

An dieser Stelle möchte ich bedanken: Bei der Belarussischlehrerin Tanja Novik aus Hrodna, die die sprachliche Richtigkeit überprüft hat, sowie bei Björn Kunter und Mischa Demidov, die mir mit vielen wertvollen Ratschlägen weitergeholfen haben.